AF368057

L'ENCAUSTIQUE

ET LES AUTRES

PROCÉDÉS DE PEINTURE

CHEZ LES ANCIENS

A Monsieur ALBERT KAEMPFEN

Directeur général des Beaux-Arts

Hommage de respectueux dévouement.

L'ENCAUSTIQUE

ET LES AUTRES

PROCÉDÉS DE PEINTURE

CHEZ LES ANCIENS

HISTOIRE ET TECHNIQUE

PAR

HENRY CROS | **CHARLES HENRY**
Statuaire et Peintre. | *Bibliothécaire à la Sorbonne.*

ΧΟΡΟΣ ΩΚΕΑΝΙΔΩΝ.
Καὶ νῦν φλογωπὸν πῦρ ἔχουσ' ἐφήμεροι;
ΠΡΟΜΗΘΕΥΣ.
'Αφ' οὗ γε πολλὰς ἐκμαθήσονται τέχνας.
(ESCHYLE. *Prométhée.*)

PARIS
LIBRAIRIE DE L'ART
J. ROUAM, IMPRIMEUR-ÉDITEUR
33, AVENUE DE L'OPÉRA

1884

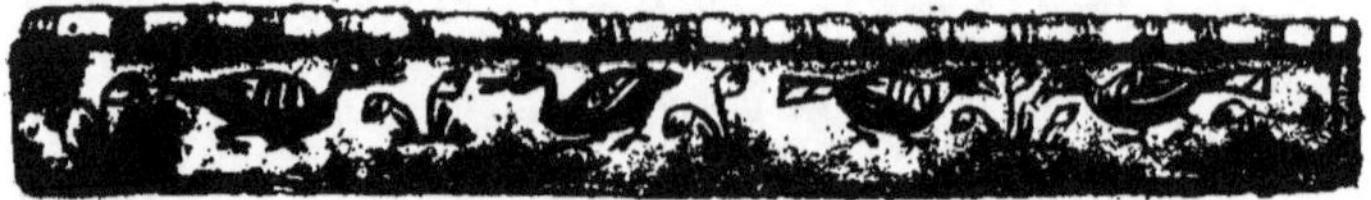

PRÉFACE

De la peinture antique, il reste un fantôme qui erre
sur les murs d'Herculanum et de Pompei, dans des palais
romains et dans des musées; quelquefois, morceaux étonn-
nants de légèreté et de caractère; le plus souvent, compo-
sitions médiocres ou copies sommairement exécutées.
Mais la sculpture de Praxitèle, de Cléomène, de Nestor
et d'Agasias, le drame de Sophocle et d'Euripide, le
discours de Démosthène, le Parthénon d'Ictinus, disent
assez haut ce que devait être la peinture de Lysippe,
d'Aristide, de Polygnote, de Zeuxis, de Parrhasius
et de tant d'autres. Aux grands âges, tous les arts ne
marchent-ils pas de pair?

La peinture antique nous hante avec des sujets de
chefs-d'œuvre : la *Bataille de Marathon*, le *Thésée*, la
Vénus Anadyomène, la *Calomnie*, le *Bœuf noir* peint en
raccourci, la *Faiseuse de couronnes*, l'*Enfant qui souffle
le feu*, l'*Ialyse*.

Elle s'empare de notre imagination par un millier d'a-
necdotes merveilleuses. Ce sont des raisins trompant des
oiseaux; c'est un rideau trompant un peintre, qui s'attend

1

à voir une peinture derrière ce rideau; c'est un cheval hennissant devant un cheval d'Apelle, et combien d'autres contes !

Elle nous attire par le charme mystérieux de ses procédés : si une série ininterrompue de chefs-d'œuvre a continué les antiques traditions de la détrempe et de la fresque, l'encaustique a disparu.

Qu'est-ce que l'encaustique ? Souvent posé, jamais le problème n'a pu être scientifiquement abordé. Rarement éclairée de la pratique personnelle, jamais la critique des textes n'a pu être complétée par la critique des monuments. C'est en ce livre, pour la première fois, qu'un essai de restitution repose sur l'examen de documents d'une incontestable authenticité. Il nous serait doux de rouvrir à la technique de l'art une voie désapprise.

L'ENCAUSTIQUE

I

ENCAUSTIQUE DES TABLEAUX

1. — Critique des textes.

Sur la peinture des anciens et sur leurs peintres, il ne nous reste guère que le XXXV° livre de l'*Histoire naturelle* de Pline, et encore Pline y a-t-il négligé la technique de l'art. Le cadre de son ouvrage ne comportait-il pas ces développements ? Croyait-il que nul de son temps ne pouvait ignorer les procédés ? Pensait-il que les nombreux traités spéciaux qu'il avait consultés suppléeraient largement à son silence ?..... Les livres étaient, pour la plûpart, écrits par des peintres, et des plus célèbres ; nous relevons les noms d'Apelle[1], d'Euphranor[2], d'autres encore. Malheureusement, de ces hommes, il ne reste que la gloire des noms, et, de leurs livres, que quelques mots cités par

[1]. Apellis discipulus Perseus ad quem de hac arte scripsit. (Pline, *Hist. nat.*, liv. XXXV, ch. X, § 36.)

[2]. Volumina quoque composuit de symmetria et coloribus. (Pline, liv. XXXV, ch. XI, § 40.)

hasard et peut-être quelques lambeaux de phrase pillés sans façon.

Nous sommes réduits à glaner çà et là dans toute l'antiquité grecque et latine les textes qui peuvent préciser la nature, indiquer l'outillage, marquer la persistance de l'encaustique.

Dans les odes faussement attribuées à Anacréon, il en est une dédiée à un peintre, où il est dit : « Peins mon amie, peins ces cheveux souples et noirs et, si la cire le peut, peins-les exhalant de la myrrhe [1]. » Et l'ode finit ainsi : « C'est elle, la voilà ; cire, je crois que tu vas parler [2]. »

Il y a dans l'*Anthologie grecque* plusieurs épigrammes où la cire est mentionnée à propos de peinture. Dans une pièce sur un tableau représentant Médée qui se prépare à tuer ses enfants : « Va, fuis dans la cire, tueuse d'enfants, car le trait fait pressentir déjà où tend ta fureur sans mesure [3] » ; et dans une autre sur le même sujet : « Fuis cette

1.

Γράφε, ζωγράφων ἄριστε,
'Ροδέης κοίρανε τέχνης,
'Απεοῦσαν ὡς ἂν εἴπω,
Γράφε τὴν ἐμὴν ἑταίρην

. . . .

'Απαλάς τε καὶ μελαίνας·
'Ο δὲ κηρὸς ἂν δύνηται,
Γράφε καὶ μύρου πνευούσας.

(*Anacreontis Carmina*, ode 28, éd. Baxter ; Leipzig, 1793, p. 104.)

2.

Βλέπω γὰρ αὐτήν
Τάχα, κηρὲ, καὶ λαλήσεις.

Même ode, p. 105. Voir encore les odes 29, p. 112 ; 32, p. 126 ; 49, p. 181.

3.

"Ἐρρε καὶ ἐν κηρῷ, παιδοκτόνε· σῶν γὰρ ἀμέτρων
Ζήλων εἰς ἃ θέλεις καὶ γραφὶς αἰσθάνεται.

(Livre IV, titre IX, épigr. 9.)

mère scélérate tuant ses enfants, même dans la cire [1]. »

Sénèque ne semble-t-il pas identifier la peinture avec la peinture à l'encaustique dans cette phrase : « L'artisan est maître de ses outils ; le pilote sait manier le gouvernail du navire ; le peintre a placé devant lui des couleurs nombreuses et variées pour rendre une ressemblance ; il les reconnaît promptement et entre la cire et son œuvre il peut agir à son aise, et du regard et de la main [2] ? » Stace dit de même : « Les cires d'Apelle seraient heureuses de reproduire tes traits [3]. »

Cette préoccupation toute particulière de la cire, nous pouvons encore la noter dans les textes suivants : « Les bois, la cire et l'art du peintre, dit saint Basile, aboutissent à une périssable image, imitation d'un être périssable [4]. » « Nous n'assimilons pas, dit Constantin le Bibliothécaire, la divinité simple, initiale, insaisissable, à des formes et à des images, et ce ne sont pas la cire et les bois qui nous ont appris à honorer sa substance absolue et éternelle [5]. »

1.   Φεῦγε πανώλη
Μητέρα κἂν κηρῷ τεκνοφοῦσαν ἔτι.
(Livre IV, titre ix, épigr. 13.)

2. Artifex instrumenta sua tractat ex facili : rector navis scit gubernaculum flectere, pictor colores quos ad reddendam similitudinem multos variosque ante se posuit, celerrime denotat et inter ceram opusque facili vultu ac manu commeat. (*Lettres morales,* épître 121.)

3.   ... Apelleæ cuperent te scribere ceræ.
(*Sylves,* liv. I, pièce 1, v. 100.)

4. Ξύλα καὶ κηρὸς καὶ ζωγράφου τέχνη τὴν εἰκόνα ποιεῖ φθαρτὴν φθαρτοῦ μίμημα. (*Homélie contre les Sabelliens,* p. 805.)

5. Οὐ γὰρ τὸ θεῖον ἁπλοῦν, ὑπάρχον καὶ ἄληπτον μορφαῖς τίσι καὶ σχήμασιν ἀπεικάζομεν, οὔτε κηρῷ καὶ ξύλοις τὴν ὑπερούσιον καὶ προάναρχον οὐσίαν τιμᾶν ἡμεῖς ἐγνώκαμεν. (*Homélie pour tous les martyrs.* — Ducange, *Glossarium mediæ et infimæ græcitatis,* col. 648.)

Écoutons les réflexions de Sévère l'Alexandrin sur un peintre tombé amoureux d'une jeune fille qu'il avait peinte : « Rien n'est plus puissant que la beauté, puisqu'elle peut séduire même par les couleurs et qu'elle fait succomber les âmes par des moyens matériels. Elle triompha avec la cire colorée et elle força le peintre à aimer son ouvrage, prêtant pour ainsi dire une voix à la cire et un semblant de parole à la peinture [1]. » Boèce mentionne parmi les besognes de la peinture « les panneaux confiés aux mains des ouvriers, les cires recueillies par l'observation des agriculteurs, les matières colorantes recherchées par l'habileté des marchands, les toiles élaborées par de laborieux tissages [2]. »

Saint Nazaire dans le panégyrique de Constantin s'écrie : « Ces traits ne peuvent disparaître : ils sont fixés par les peintres de l'univers et n'empruntent pas leur brillant à la recommandation de la cire ou à l'éclat des couleurs ; le regret des âmes les rend immortels [3]. »

La cire était blanchie par des procédés qui ne diffèrent pas beaucoup de ceux en usage aujourd'hui ; dans ce cas elle était appelée *cire punique*.

---

1. Οὐδὲν ἄρα κάλλους ἐστὶ δυνατώτερον εἴγε καὶ διὰ χρωμάτων θηρᾶν ἐπίσταται καὶ τοῖς ἀψύχοις ἁλίσχεσθαι παρασκευάζει τὰ ἔμψυχα· συνῆλθε ποικιλλωμένῳ κηρῷ καὶ τὸ εἰργασμένον ἐρᾶν κατηνάγκασεν... φωνὴν παρεῖχον διὰ τῆς τέχνης, ὡς εἰπεῖν, τῷ κηρῷ καὶ σκιὰν δοκεῖν διαλέγεσθαι παρασκεύαζον. (Ducange, *Glossarium mediæ et infimæ græcitatis*, col. 648.)

2. At picturæ manibus tabulæ commissæ fabrorum, ceræ rustica observatione decerptæ, colorum fuci mercatorum solertia perquisiti, lintea operosis elaborata textrinis multiplicem materiam præstant. (Préface de l'*Arithmétique*.)

3. Aboleri hic vultus non potest; universorum pictoribus infixus est, nec commendatione ceræ aut pigmentorum fucis renitet; sed desiderio efflorescit animorum.

Voici le procédé de Dioscoride et de Pline :

« On expose souvent à l'air de la cire jaune, puis on la fait bouillir dans de l'eau de mer prise au large et à laquelle on ajoute du nitre ; puis avec des cuillers on enlève la fleur de la cire, c'est-à-dire la partie la plus blanche, et on la verse dans un pot contenant un peu d'eau froide ; on fait de nouveau bouillir à part cette portion dans l'eau de mer, puis on refroidit le vase. Après avoir renouvelé cette opération trois fois, on fait sécher la cire sur une claie de joncs, en plein air, à la lumière du soleil et à celle de la lune [1]. »

Pline nous dit encore « qu'elle pouvait être colorée des tons les plus variés pour rendre les ressemblances, qu'on la noircit avec de la cendre de papier et qu'elle est la protection des murailles et des armes [2]. » Nous reviendrons à cette protection des murailles. Vitruve dit qu'on peint avec de la cire azurée [3]. Après avoir énuméré la pourpre, l'indigo, le ceruleum, le blanc de Milo, l'orpiment, le vert appien, la céruse, Pline remarque que les cires sont teintes de ces couleurs, couleurs qui se refusent à être appliquées à l'eau et sur un enduit crayeux [4]. Dans la suite

---

1. Punica fit hoc modo : ventilatur sub diu sæpius cera fulva ; deinde fervet in aqua marina ex alto petita, addito nitro ; inde lingulis hauriunt florem, id est candidissima quæque transfunduntque in vas quod exiguum frigidæ habeat. Et rursus marina decoquunt separatim ; dein vas ipsum refrigerant et quum hoc ter fecere, juncea crate sub diu siccant sole lunaque. (*Histoire naturelle*, liv. XXI, ch. xiv, § 49, éd. Jahn. — Dioscoride, *De la matière médicale*, liv. II, ch. cv.)

2. Nigrescit cera, addito chartarum cinere, sicut anchusa admixta rubet, variosque in colores pigmentis trahitur ad edendas similitudines et innumeros mortalium usus parietumque etiam et armorum tutelam. (Liv. XXI, ch. xiv, § 49.)

3. Et eas cera cærulea depinxerunt. (*De l'architecture*, liv. IV, ch. ii.)

4. Ex omnibus coloribus cretulam *amare* udoque inlini recusant

il ne prend plus la peine de rappeler que les cires sont colorées ; il dit : « peindre avec des cires et brûler la peinture [1] » ; plus loin : « avec des cires fondues au feu, en usant du pinceau [2] » ; etc., etc. Quand le singulier *cera* est employé, il semble ne désigner qu'une simple couche de cire incolore ou d'une seule couleur, appliquée sur un subjectile quelconque.

Nous venons de voir apparaître le feu. Ovide, décrivant un vaisseau, s'exprime ainsi : « La poupe a la mère des Dieux célestes peinte de couleurs brûlées [3]. » Martial, dans une épigramme sur un tableau représentant Phaéton foudroyé, dit au peintre : « Phaéton est par toi

---

purpurissum, indicum, cæruleum, melinum, auripigmentum, appianum, cerussa ; ceræ tinguntur iisdem his coloribus ad eas picturas quæ inuruntur, alieno parietibus genere, sed classibus familiari. (Liv. XXXV, ch. vii, § 31.) Nous conservons l'ancienne lecture *amare* au lieu de *amant*. En effet, sans écarter de *cretulam* l'idée du support d'un pigment et quoique (liv. XXXV, ch. vi, § 26) la craie des argentiers se teignît de pourpre, on ne comprend pas pourquoi on eût teint de la craie avec de la céruse. D'autre part, le mot *cretula* (petite craie) ne désigne-t-il pas le stuc formé de marbre pulvérisé et lié par la chaux, le mortier, qui recouvre les murailles ? Cela étant, on ne peut appliquer sur la chaux des couleurs telles que l'orpin, l'indigo, la céruse qui peuvent être altérées. Ces couleurs, au lieu d'aimer, refusent d'aimer la chaux. La leçon *amare* est d'ailleurs celle de plusieurs manuscrits, entre autres des manuscrits de Naples, de Venise et de Milan.

1. Ceris pingere ac picturam inurere. (Liv. XXXV, ch. xi, § 39.)

2. Resolutis igni ceris, penicillo utendi. (Liv. XXXV, ch. xi, § 41.)

3.   .....et picta coloribus ustis
      Cœlestum matrem concava puppis habet.

(Fastes, liv. IV, v. 275-276.)

Dans le livre précédent (v. 831) on lit de même :

Quique moves cœlum tabulamque coloribus uris.

peint au feu dans ce tableau. Veux-tu donc que Phaéton soit brûlé pour la seconde fois [1] ? »

Plutarque dit que la vue d'une belle femme laisse dans un cœur indifférent une image pâle et prompte à s'effacer comme une détrempe ; dans le cœur de l'amant une impression fixée au feu, comme une peinture à l'encaustique [2]. Procope, en décrivant un monument élevé par Justinien, remarque que « la voûte n'est pas peinte à la cire, fondue et fixée dans le mur [3]. »

Paulin s'écrie, dans une lettre à Sulpice Sévère : « Merci à Dieu, que par une peinture plus durable et vivante, il ait peint notre image non pas sur des tablettes de bois qui pourrissent, ni avec des cires liquides, mais qu'il l'ait gravée dans la chair de ton cœur [4]. » Ausone, dans une épigramme, parle de l'*inustion* des seuils des portes et des décors de l'atrium [5]. Et Anastase le Sinaïte

---

1. Encaustus Phaeton tabula tibi pictus in hac est ;
    Quid tibi vis, dipyron qui Phaetonta facis ?

(*Épigrammes*, liv. IV, 47.)

2. 'Η γὰρ ὄψις ἔοικε τὰς μὲν ἄλλας φαντασίας ἐφ' ὑγροῖς ζωγραφεῖν, ταχὺ μαραινομένας καὶ ἀπολειπούσας τὴν διάνοιαν · αἱ δὲ τῶν ἐρωμένων εἰκόνες, ὑπ' αὐτῆς οἷον ἐν ἐγκαύμασι γραφόμεναι διὰ πυρὸς, εἴδωλα ταῖς μνήμαις ἐναπολείπουσι κινούμενα, καὶ ζῶντα, καὶ φθεγγόμενα καὶ παραμένοντα τὸν ἄλλον χρόνον. (*Amator*, t. II, p. 759.) Eméric David traduit à tort « ἐφ' ὑγροῖς ζωγραφεῖν » par « peinture à fresque » ; rien de plus fixe que la fresque.

3. 'Εναβρύνεταί τε ταῖς γραφαῖς ἡ ὀροφὴ πᾶσα οὐ τῷ κηρῷ ἐντακέντι τε καὶ διαχυθέντι. (*Des édifices de Justinien*, liv. I, ch. x.)

4. Gratias autem Domino quod perenni magis et vivente pictura imagines nostras non in tabulis putribilibus neque ceris liquentibus sed in tabulis carnalibus cordis tui pinxit. (Lettre XXX.)

5. Ceris inurens januarum limina
    Et atriorum pegmata.

(Épigramme 26.)

donne cette définition d'un tableau : « Ce n'est rien autre
chose que du bois, des couleurs mêlées de cire et brûlées [1]. »

Varron nous fait entrevoir la boîte à couleurs d'un
peintre : « Pausias et les autres peintres du même genre
(à l'encaustique) ont de grandes boîtes divisées en compartiments où seraient des cires de différentes couleurs... [2] »
Il les compare à des viviers contenant séparées plusieurs
espèces de poissons, ce qui nous laisse supposer aux cires
la forme de petits bâtons analogues aux pastels de nos
jours.

Écoutons maintenant la nomenclature des objets qui
composent l'outillage d'un peintre. C'est Martien, le
jurisconsulte, qui dit : « L'attirail d'un peintre étant légué,
les cires, les couleurs et autres choses semblables entrent
dans le legs, ainsi que les pinceaux et les *cautères* et les
coquilles [3]. »

Les *cautères*, ce terme va nous mettre sur la voie
de la restitution des instruments. La cire appliquée au
pinceau se fige immédiatement; il faut donc continuer
sur elle l'action de la chaleur. Les cautères ou fers chauds
doivent toucher la couleur, entrer dans la cire, la fondre
et la manier; ils servent à prolonger l'action trop courte,
interrompue du pinceau; ils viennent rompre les tons, les
faire passer les uns dans les autres, parfaire le modelé,

---

1. Τῆς εἰχόνος οὐδὲν ἕτερον οὔσης ἢ ξύλον καὶ χρώματα κηρῶν μεμιγ-
μένα καὶ κεκραμμένα. (*Sermon sur le Sabbat*, Synode VII, acte IV;
Ducange, *Glossarium mediæ et infimæ græcitatis*, col. 649.)

2. Nam ut Pausias et ceteri pictores ejusdem generis loculatas
magnas habent arculas, ubi discolores sint ceræ. (*De re rustica*,
liv. III, ch. xvii.)

3. Pictoris instrumento legato, ceræ, colores similiaque horum
legato cedunt, penicilli et cauteria et conchæ. Cf. Jules Paul.

envelopper en un mot. Le mot *cautère* indique suffisamment que l'artiste devait en posséder de toutes sortes et de toutes dimensions; c'est un terme générique; nous disons : les fers du relieur.

Mais voici la donnée fondamentale sur la peinture à l'encaustique : « Il y eut anciennement, dit Pline, deux manières de peindre à l'encaustique : sur la cire (c'est-à-dire, selon nous, sur le subjectile ciré) et sur l'ivoire au *cestrum*, c'est-à-dire au *vericulum*, jusqu'à ce qu'on eût commencé à peindre les flottes. Alors fut ajoutée la troisième manière, dans laquelle on se sert du pinceau, après avoir fondu les cires au feu, sorte de peinture qui, sur les vaisseaux, ne s'altère ni par le soleil, ni par l'eau salée, ni par les vents [1]. »

Remarquons d'abord l'opposition que Pline établit entre l'encaustique sur le subjectile ciré et sur ivoire, d'une part, et l'encaustique des vaisseaux, d'autre part; dans les deux premières, on se sert du cestrum; dans la dernière, du

---

1. Encausto pingendi duo fuere antiquitus genera : cera et in ebore, cestro, id est vericulo, donec classes pingi cœpere; hoc tertium accessit resolutis igni ceris penicillo utendi, quæ pictura navibus nec sole nec sale ventisque corrumpitur. (Liv. XXXV, ch. xi, § 41.) Deux manières se présentent d'entendre ce passage : 1° séparer « *cera* » et « *in ebore* »; 2° les unir par rapport à « *cestro* », en mettant une virgule devant ce mot, comme nous l'avons fait. La première manière est inacceptable, car faire dire à Pline qu'un premier genre d'encaustique est à la cire, c'est lui attribuer une tautologie, puisque l'emploi de la cire caractérise l'encaustique. Reste la seconde manière que confirme d'ailleurs cette lecture recueillie par nous dans le ms. *V. A. 4* de la Bibliothèque nationale de Naples : « *cera que et in ebore cestro* », d'après laquelle le cestrum est un instrument commun aux deux procédés. Le dessin a été tracé au crayon sur le subjectile ciré, tracé en creux par le burin sur l'ivoire; le rôle du cestrum est le même : il transporte, mêle, fond les cires colorées aussi bien sur la surface cirée que dans les creux de l'ivoire.

pinceau. Bien que Pline, dans d'autres passages[1], revienne
sur cette exclusion du pinceau, nous croyons qu'il ne faut
pas la considérer comme absolue. La pratique nous auto-
rise à penser que le pinceau devait être employé aussi dans

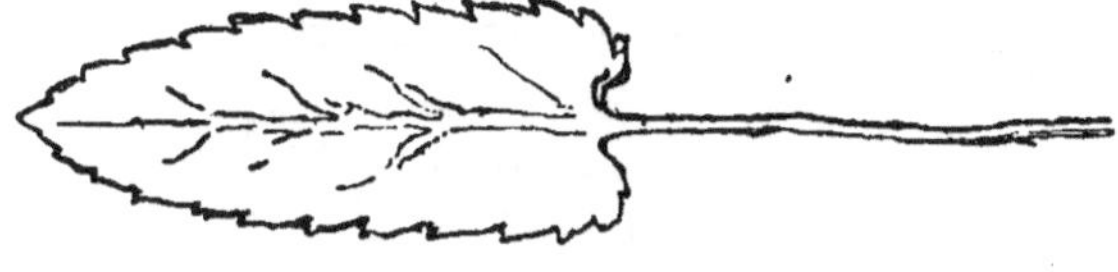

FEUILLE DE BÉTOINE.
(Fig. 1.)

l'encaustique proprement dite, au moins comme instrument préparatoire; pourtant, nous avons reconnu prati-
quement que l'on pouvait se contenter du cestrum.

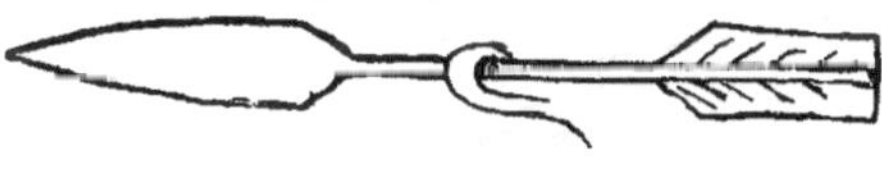

CESTROSPHENDONE.
(Fig. 2.)

Qu'est-ce que le *cestrum?* Qu'est-ce que le *vericulum?*
Pour nous éclairer sur la forme du cestrum, nous avons

1. Par exemple, quand il énumère les peintres célèbres, il distingue ceux qui peignent avec le pinceau et les encaustes (liv. **XXXV**,
ch. ix); il dit de Pausias, peintre à l'encaustique, que, peignant avec
le pinceau, il avait restauré les peintures de Thespies exécutées par
Polygnote, ce qui était d'un grand mérite, car il avait rivalisé avec
Polygnote sur un terrain qui n'était pas le sien (liv. **XXXV**, ch. xi, § 40);
de Iaia de Cyzique il dit qu'à Rome elle fit, au pinceau et au cestrum sur l'ivoire, surtout des portraits de femmes. (Liv. **XXXV**,
ch. xi, § 40.)

ce passage de Pline[1] : « La plante qui est appelée *bétoine*
en Gaule s'appelle en Italie *serratula*, en Grèce *cestros*
ou *psychotrophon*. » La plante à feuille longue et dentelée
que nous appelons *bétoine* est donc le *cestros* des Grecs.

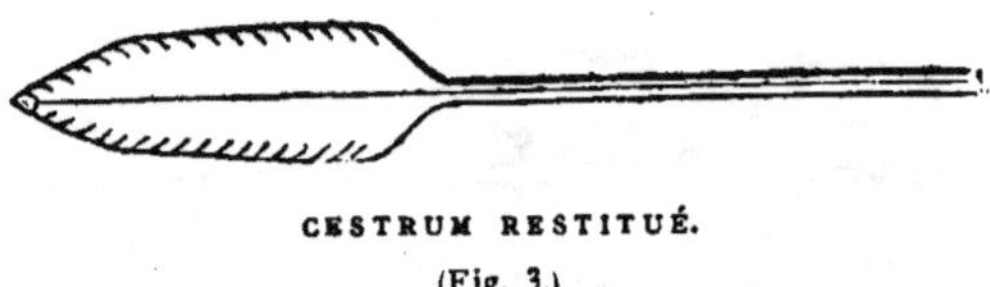

CESTRUM RESTITUÉ.
(Fig. 3.)

(Fig. 1.) Nous avons encore ce passage de Tite-Live[2] :
« Ils étaient surtout blessés par les cestrosphendones ;
c'était une nouvelle espèce de projectile inventée pour

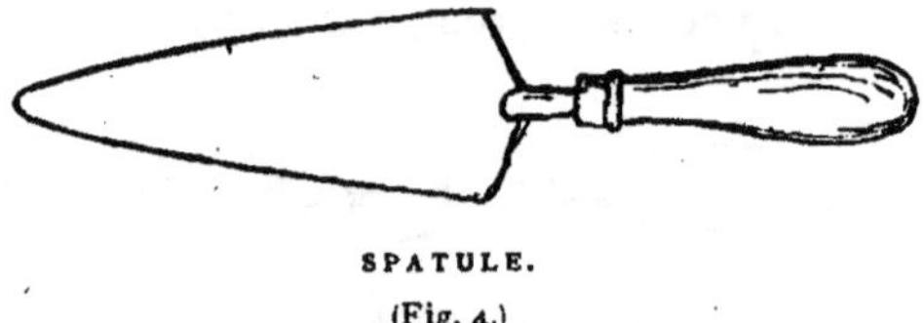

SPATULE.
(Fig. 4.)

cette guerre ; c'était un fer de lance de deux palmes monté
sur un bois d'une demi-coudée de long et d'un doigt

1. Quæ Vettonica dicitur in Gallia, in Italia autem serratula, a
Græcis cestros aut psychotrophon. (Liv. XXV, ch. viii, § 46.)

2. Maxime cestrosphendonis vulnerabantur : hoc illo bello novum
genus teli inventum est ; bipalme spiculum hastili semicubitali
infixum erat, crassitudine digiti ; huic abiegnæ breves pennæ tres,
velut sagittis solent circumdabantur... (Liv. XLII, ch. lxv.) Cf. *Poly-
bii reliquæ* (apud Suidam), liv. XXVII, ch. ix (Éd. Didot, t. II, p. 22.)
Cette arme qui s'appelait encore simplement κέστρος (d'où le mot
κεστροφύλαξ pour désigner le magistrat chargé à Athènes d'en conserver le dépôt) a été restituée par M. Alexandre Bertrand. Elle

d'épaisseur ; il était garni, pour conserver l'équilibre, de trois ailes comme on les met aux flèches, etc. » (Fig. 2.) Ces deux sources ramènent le cestrum à une forme qui tient à la fois de la feuille de bétoine et du trait. (Fig. 3.)

Le vericulum n'est pas autre chose. Pline le définit comme une spatule servant à écumer l'argent en fusion [1]. (Fig. 4.)

Nous sommes donc conduits par les textes à admettre dans l'outillage des différents genres de peinture à l'encaustique :

1° Une boîte à couleurs renfermant les cires colorées;

2° Un foyer pour fondre ces cires;

3° Des pinceaux;

4° Des instruments de métal, fer ou cuivre, ayant la forme de la bétoine, du trait, de la spatule, portant le nom technique de *cestrum*, le nom générique de *cauteria*.

Ajoutons qu'on ne se servait pas seulement de cire pour porter les couleurs. Le mot *cera* a dû signifier bien souvent un mélange où la cire jouait seulement un rôle prépondérant. Montabert remarque avec justesse que dans le vers de Virgile : « Pan le premier sut unir par la cire plusieurs tuyaux en roseau », il ne doit pas être question

---

devait avoir 0ᵐ154 + 0ᵐ231, soit 385 millimètres de long, 154 de fer, 231 de bois, le fer étant d'ailleurs mi-pointe et mi-douille. L'épaisseur de cette hampe était de 0ᵐ019 : trois ailes très courtes étaient fixées au milieu de l'arme et les deux bras de la fronde étaient inégaux. (*Revue archéologique*, 1874, t. XXVII, p. 75.) — Voir encore Hésychius, *Lexicon*, rec. Schmidt, t. II, p. 471, Dioscoride et Gallien.

1. Omnis autem fit excocta sua materia ex superiori catino defluens in inferiorem et ex eo sublata vericulis ferreis atque in ipsa flamma convoluta, ut sit modici ponderis. Est autem, ut ex nomine ipso intelligi potest, fervescentis materiæ spuma. (Liv. XXXIII, ch. vi, § 35.)

de cire seule, mais encore de résine, autrement l'assemblage eût été sans solidité [1].

Voici une épigramme de l'*Anthologie* d'où il ressort que l'on employait encore des résines, en particulier des résines parfumées comme l'encens : « Qui a gratté de l'encens cet Amour armé de flèches qui ne respecta pas Jupiter lui-même : enfin, le voilà donc placé pour but à Vulcain, celui qu'on ne doit voir autrement que consumé par le feu [2]. »

Et cette autre :

« Ne dis pas à cause de l'encens, ô étranger, que je me plais aux réunions nocturnes de jeunes viveurs. Pauvre fils d'une nymphe de la campagne, je ne m'occupe que d'œuvres d'agriculture et, à cause de la fertilité de mon cher enclos, les quatre saisons m'ont paré de quatre couronnes [3]. »

1. *Traité complet de la peinture*, t. xvii, p. 566.

2.   Τοξοβόλον τὸν Ἔρωτα τίς ἔξεσεν ἐκ λιβανωτοῦ,
       Τὸν ποτὲ μηδ' αὐτοῦ Ζηνὸς ἀποσχόμενον;
     Ὀψέ ποθ' Ἡφαίστῳ κεῖται σκοπὸς, ὃν καθορᾶσθαι
       Ἔπρεπεν οὐκ ἄλλως ἢ πυρὶ τυφόμενον.

                    (Liv. I, titre xxvii, épigr. 4.)

3.   Μή με τὸν ἐκ λιβάνοιο λέγε, ξένε, τὸν φιλοκώμων
       Τερπόμενον νυχίοις ἠϊθέων ὀάροις.
     Βαιὸς ἐγὼ Νύμφης ἀπὸ γείτονος ἀγροιώτης,
       Μοῦνον ἐποτρύνων ἔργα φυτοσκαφίης,
     Ἔνθεν ἀπ' εὐκάρπου με φίλης ἔστεψαν ἀλωῆς
       Τέσσαρες ὡράων ἐκ πισύρων στέφανοι.

                    (Liv. IV, titre xii, épigr. 51).

Le traducteur de l'*Anthologie grecque* (Paris, Hachette, 1863, t. II, p. 167) traduit : « Ne me prends pas pour l'amour du Liban qui se plait aux réunions nocturnes... » Mais pourquoi l'étranger le prendrait-il pour un viveur? Les quatre couronnes ne suffisent pas à justifier cette opinion; d'ailleurs chaque couronne est visiblement symbo-

On peut citer encore ce texte de Cœlius Rhodiginus :
« Le cauterium consiste en cet instrument par lequel on
cuit les enduits de bitume et les *conglutinations* dans la
peinture encaustique. » Enfin, dans le texte déjà cité de
Martien : « les cires, les couleurs et les *autres choses
semblables* », ces derniers mots ne désignent-ils pas des
résines et des goudrons?

2. — Critique des monuments.

Les monuments sont encore peu nombreux, mais il
n'est pas douteux qu'une recherche consciencieuse dans les
musées n'en fasse découvrir d'autres.

Le marquis Cosimo Ridolfi annonçait, il y a quelques
années, la découverte d'un portrait de Cléopâtre peint à
l'encaustique sur ardoise, qu'il attribuait à Timomaque
de Byzance[1] ; mais Zannoni prouvait quelque temps après
que ce prétendu portrait est l'œuvre d'un artiste du
XVIᵉ siècle, en relevant dans la composition toutes les
contradictions avec les médailles romaines et toutes les
impossibilités[2].

On a considéré aussi comme paraissant peints à l'encaustique des fragments de composition donnés jadis au
Louvre par Séroux d'Agincourt et provenant de Rome[3],

---

lique. Il faut un prétexte, et ce prétexte est l'encens, à la fois un par-
fum et un gluten pour la peinture. Au lieu de Λιϐάνοιο nous lisons
λιϐάνοιο, lecture d'autant plus plausible qu'il n'y a pas, comme on
sait, de majuscules dans les manuscrits.

1. *Antologia*, t. VII, p. 298. Lettera al prof. Petrini. Cf. Henry
Houssaye, *Revue des Deux-Mondes*, sept. 1874, p. 93.

2. *Antologia*, t. VII, p. 491. Appendice alla lettera del marchese
Ridolfi.

3. *Histoire de l'art par les monuments, peintures*, pl. I, nᵒˢ 16-18.

ainsi que des masques de Méduse décorant le fond de caissons d'un plafond en stuc[1]; mais sans doute, dans ces morceaux, l'application de cire est moderne comme dans toutes les peintures de Pompei et de Rome.

Milliarini[2] et le regretté François Lenormant[3] ont considéré comme peint à l'encaustique un portrait, dont la date est fixée au IIe siècle avant notre ère, inventorié sous le n° 2411 du musée archéologique de Florence. C'est là, croyons-nous, une détrempe sur laquelle nous reviendrons.

Vers 1732, se faisait une découverte de la plus haute importance.

Un paysan trouvait dans les environs de Cortone, avec quelques statuettes, une peinture sur ardoise de 38 centimètres et demi de haut sur 33 de large, représentant aux deux tiers du naturel une figure de femme. (Fig. 5.)

La famille vénéra pendant longtemps ce morceau comme une image de la Vierge; mais les braves gens, ayant reconnu leur erreur, l'employèrent à clore une petite fenêtre tout près d'un four et en rognèrent même les deux coins supérieurs. Elle resta en cet état jusqu'en l'année 1735; c'est alors que le chevalier Tommaso Tommasi, propriétaire du domaine, en fit l'acquisition et l'arracha à ces traitements barbares. Il y a quelque trente ans, Mme Louise Bartolotti Tommasi en fit présent à l'Académie étrusque de Cortone, qui la conserve dans son musée avec un superbe lampadaire étrusque. Et elle a dans toute la ville une popularité grande; nous l'avons ressentie par l'accueil

---

1. *Cataloghi Campana*, classe VI, n° 11.

2. Rosellini, *I monumenti dell' Egitto, monumenti civili*, parte secunda, t. II, p. 206.

3. *Gazette archéologique*, 1877.

gracieux qu'on nous fit à la nouvelle que nous venions étudier la *Musa*.

Le chevalier Marcello Venuti, en 1748, lui consacra la majeure partie d'un Mémoire sur les découvertes qui venaient de se faire; les Mémoires académiques de 1791 renferment une dissertation enthousiaste du marquis Venuti, avec un dessin fort mauvais. En 1852, paraissait sur elle une brochure[1] d'un peintre sarde, Ferdinand Cavalleri, avec un dessin qui n'est pas meilleur. Enfin, en 1877[2], François Lenormant avait la bonne pensée d'en publier une photographie, illustrant ce document d'observations judicieuses.

Est-ce la muse Polymnie, comme les Italiens le veulent? est-ce une de ces joueuses de lyre qui venaient charmer de leurs seins nus et de leurs accords des convives attardés, comme le pense le savant français ? Nous ne saurions le dire. Elle est troublante avec ces grands yeux noirs baissés dont les regards divergents semblent pénétrer en enveloppant[3], avec ces cils longs et clairs, ces sourcils fins, ce nez

1. *Sopra un antica græca pittura esistente nel museo dell' Academia etrusca di Cortona riconosciuta per la musa Polinnia osservazioni del prof. Ferdinando Cavalleri.*

2. *Gazette archéologique*, t. III, p. 41.

3. Cette divergence tient au relâchement presque complet de certains muscles des yeux, lequel résulte d'une concentration de l'esprit sur un objet intérieur ou indéterminé extérieurement. Le professeur Donders a trouvé que cette divergence peut aller, la tête étant tenue verticalement et le plan de la vision étant horizontal, jusqu'à un angle maximum de 2 degrés. On s'en est assuré en observant qu'un objet éloigné donne alors une image double et croisée. Lorsque la tête se penche en avant, les yeux se tournent un peu en haut et alors la divergence peut aller jusqu'à 7 degrés. Il y a là un moyen infaillible de donner à la physionomie l'expression de fatalité que nous offrent la plupart des peintures antiques.

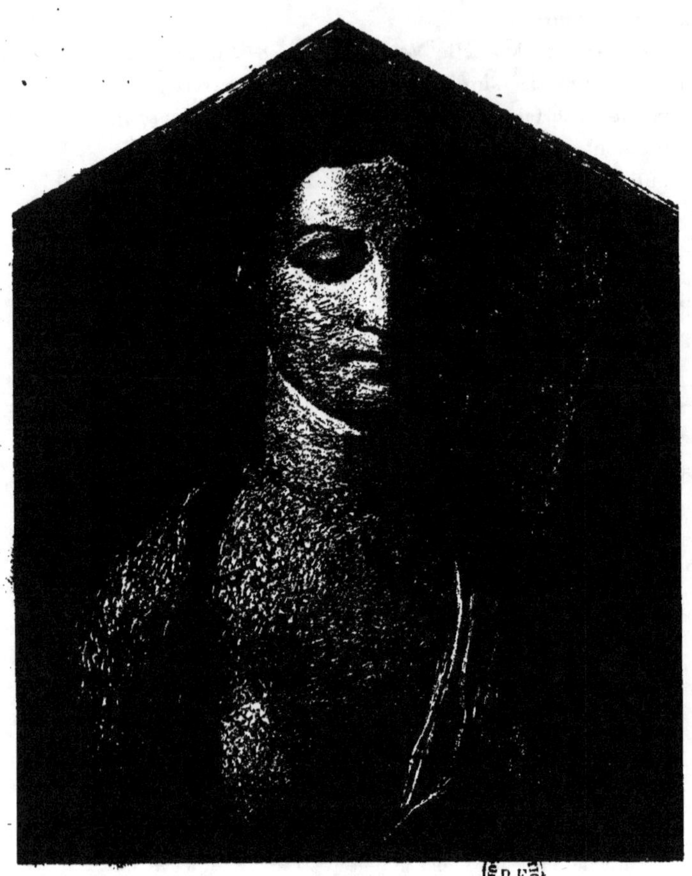

LA MUSE DE CORTONE.
(Fig. 5.)

parfait, ces lèvres roses animées d'une moue voluptueuse, ce cou au modelé exquis, cette gorge moelleuse et puissante, ce sein découvert qui provoque et cet autre qui transparaît sous la draperie caressante, ces cheveux châtains qui coulent partagés par l'épaule en des flots soyeux, et cette coquette couronne. Le coloris est parfait, le dessin d'une pureté délicieuse. Le procédé est évidemment l'encaustique : l'encaustique poussée à sa dernière perfection. Des reliefs sont évidents aux feuilles de la couronne, à droite au-dessus de l'œil et à gauche près de l'oreille ; l'attache du cou fait un creux assez sensible, mais qui a peut-être été exagéré par les calques imprudents que l'on a faits de la *Musa*. Le modelé est très diversement attaqué : la draperie, les seins, les bras, le nez, le front, l'oreille marquent de longues traînées fines comme les traînées d'un crayon ; le cou, la gorge semblent comme repassés : point de trace de pinceau, mais d'un instrument long ou plat suivant les cas. N'est-ce pas désigner suffisamment le cestrum ?

Nous avons essayé de mouler les reliefs : ils sont trop peu accusés ; la peinture est d'une minceur extrême, on peut s'en convaincre facilement, car l'ardoise apparaît en quelques endroits sous la peinture en petites lacunes au front, au-dessus de l'œil droit, sur le nez, sur la joue, sur les lèvres, sur la chevelure, près du sein, sur le sein, sur la lyre ; en général, le côté gauche du tableau est mieux conservé.

On a beaucoup discuté la question de savoir si cette peinture est vraiment antique ; l'opinion générale des archéologues est favorable à son antiquité ; et c'est aussi la nôtre. Elle est antique : de quelle époque ? Nous ne saurions préciser. Elle ne peut être du xviiie siècle : tout le monde est d'accord, et si elle était moderne, on ne pourrait la placer qu'à la Renaissance, au temps des cinquecentistes.

A cette hypothèse, François Lenormant a opposé une objection : ce tableau serait l'unique spécimen de la peinture encaustique à une époque où nous n'avons aucune preuve qu'elle eût été pratiquée, où l'on a toutes les raisons de croire que l'encaustique était depuis long-temps négligée. Cet argument est contredit par les faits, puisqu'on a découvert des peintures à l'encaustique exé-cutées par Mantegna et par Lucas Cranach. Nous revien-drons sur ce point (p. 62).

Heureusement l'Égypte nous a conservé des documents incontestables. Le British Museum possède trois portraits encaustiques :

1° Le portrait d'une jeune femme qui provient de Mem-phis (n° 5619);

2° La moitié seulement d'un portrait de femme (n° 5619);

3° Le portrait d'un jeune homme attaché à une momie (n° 6173); ce dernier spécimen a été reproduit par Petti-grew [1].

Le Cabinet des médailles de la Bibliothèque nationale renferme sur le couvercle de la gaine d'une momie le seul exemple de peinture à l'encaustique qui soit vierge de toute restauration. C'est la moitié d'un portrait de jeune fille dont nous savons le nom, car on y lit : ΔΙΟΣΚΟΡΟΥ ΕΥΨΥΧΙ, « Fille de Dioscore, porte-toi bien. »

M. Chabouillet [2] conjecture que le père de cette jeune fille enterrée avec tant de soin est ce même Dioscore, prêtre de Sérapis à Alexandrie, auquel Synésius, évêque

1. *History of Egyptian mummies;* Londres, 1834, pl. VII.
2. *Catalogue des Camées,* p. 409.

de Ptolomaïs, adressa, l'an 412 de notre ère, une lettre sur le livre de Démocrite, publiée dans la *Bibliothèque recqueg* de Fabricius [1].

En voyant une moitié de portrait de femme au British Museum et une autre moitié de portrait à la Bibliothèque Nationale, le lecteur s'est demandé : Ne serait-ce pas là deux moitiés du même tableau?

Cette conjecture s'est réalisée pour nous de la manière la plus imprévue. Un de nos amis, revenant d'Angleterre, nous dit avoir vu au Musée Britannique plusieurs portraits gréco-égyptiens peints à l'encaustique, parmi lesquels une moitié de tête de femme vue de face.

Immédiatement, nous prenons deux feuilles de papier, nous lui en donnons une, lui demandant de tracer de mémoire ce morceau de portrait. Nous convenons entre nous de la dimension à donner au masque. Sur la feuille que nous nous étions réservée, nous dessinons de souvenir le fragment du Cabinet des médailles. Cela fait, nous demandons à notre ami de montrer son croquis; il présente la moitié d'une face avec tout le nez; or, la peinture de la Bibliothèque n'en a pas la moindre portion. Nous rapprochons nos deux dessins et nous avons une tête au complet. Notre ami nous dit quelques secondes après : « Il y a dans les cheveux et sur le fond des feuilles d'or. » C'était la fille de Dioscore, tout entière retrouvée à distance. Ne serait-il pas intéressant de copier les deux fragments et de compléter pour chaque musée la moitié de portrait qu'ils possèdent? En attendant, voici les deux moitiés réunies pour la première fois par la photographie. (Fig. 6.)

Enfin, le Louvre a acquis de la collection de Clot-Bey six portraits de la famille de Pollius Soter, archonte de

1. Tome VIII, page 23.

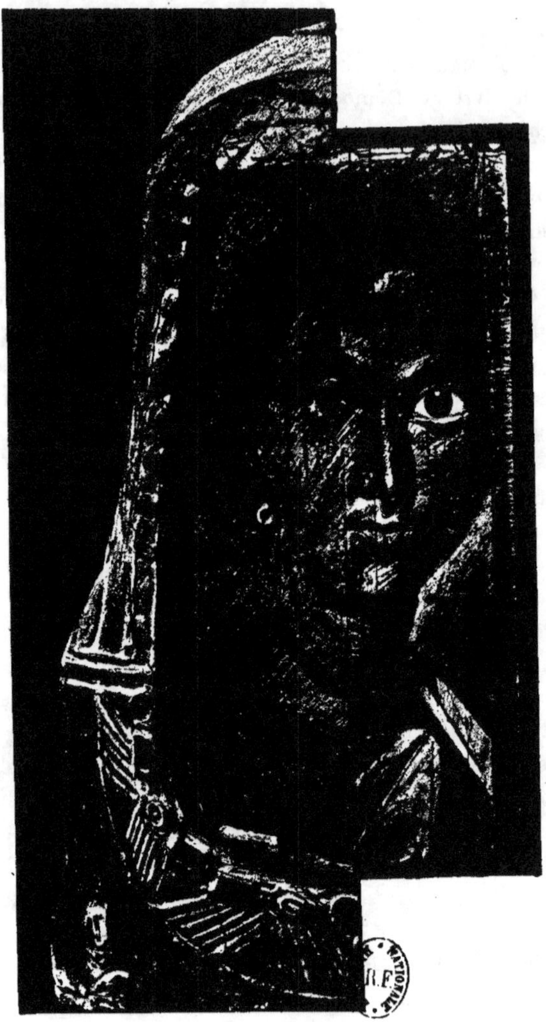

PORTRAIT A L'ENCAUSTIQUE DE LA FILLE DE DIOSCORE.

(Fig. 6.)

PARIS	LONDRES
Bibliothèque Nationale.	British Museum.

Thèbes du temps d'Adrien[1] ; trois sont à la détrempe ; trois sont à l'encaustique, et tous ont reçu d'une restauration contemporaine un vernis que déplorent les fervents de l'antiquité ; ils sont peints sur de minces planchettes de cèdre qu'on a collées sur des planches de sapin. Nous parlerons (page 91) des trois portraits à la détrempe.

Est peint à l'encaustique d'abord un homme à l'air éthiopien avec le laticlave sur l'épaule droite, tête haute au front étroit, aux cils très accentués que l'on peut compter, à la barbe frisante et épaisse, aux yeux grands ouverts. (Fig. 7.) Vient ensuite un autre homme, à l'air romain, à la barbe rare, au nez aminci par le haut, ayant un laticlave rose sur chaque épaule (fig. 8) ; enfin nous avons le portrait d'une jeune femme brune, vêtue d'une robe couleur de pourpre à bande noire (fig. 9) : nous choisissons ce dernier comme le plus complet.

Cette tête frappe d'abord par l'étrangeté du type, par ce visage jeune et d'un contour fin, par le regard un peu étonné de ses grands yeux noirs et limpides, par ce teint doré, ces sourcils épais, par cette chevelure courte et frisée qui rappelle la coiffure communément appelée « à la Titus », par tout cet ensemble à la fois affiné et sauvage où l'on reconnaît les races égyptienne, grecque et romaine.

On est frappé ensuite de l'aspect de cette peinture transparente et profonde, d'un faire large et aisé, de cette atmosphère propre du tableau qui semble répandre comme une onde autour de cette tête. Et c'est une facture toute spéciale : tantôt longues traînées, comme si la couleur était sortie d'un pinceau inépuisable ; tantôt hachures en creux venant sans sécheresse rompre une indication trop définie, envelopper la forme et le modelé.

1. De Rougé, *Catalogue du Musée égyptien*, 1854, p. 96.

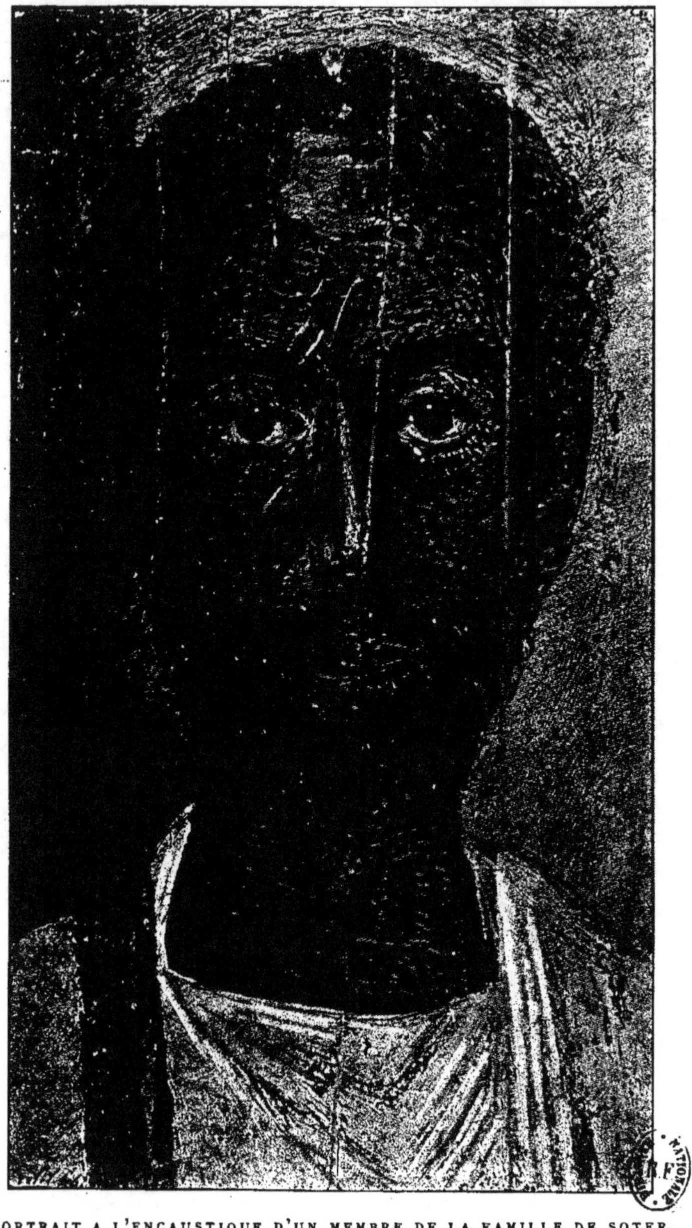

PORTRAIT A L'ENCAUSTIQUE D'UN MEMBRE DE LA FAMILLE DE SOTER.
Musée du Louvre. — (Fig. 7.)

A la qualité transparente des tons, nous reconnaissons la cire. Aux sillons qui creusent la peinture (sillons dont nous avons pu prendre des moulages en plâtre malgré le vernis) et qui semblent avoir eu une tendance à se combler par le refroidissement de la matière en fusion, nous reconnaissons le cestrum. Il y a de plus des traînées comme celles que ferait une brosse plate, mais trop longues pour être dues à cette cause. Ce serait bien plutôt l'effet du passage d'un instrument plat comme un ciseau à dents ou comme l'ébauchoir de cette forme (outils que les sculpteurs appellent l'un et l'autre indifféremment *gradine*), ou bien d'une sorte de spatule sur le plat de laquelle on aurait fait au moyen d'une pointe des relèvements de métal comme dans les râpes dont on se sert pour finir le marbre : toutes ces précautions afin de pouvoir conduire la cire sans mettre à nu le panneau. Rappelons-nous d'ailleurs que la feuille de bétoine est dentelée et que l'instrument du peintre ne se conforme ainsi que mieux à son étymologie.

Nous venons de surprendre les traces de cestrum dans la technique des monuments : l'archéologie va nous le montrer parmi les ustensiles de la peinture.

En 1847, à Saint-Médard-des-Prés, en Vendée, à 80 et quelques mètres d'une villa qui renfermait des peintures sur lesquelles nous reviendrons, on trouva une fosse de 4 mètres de côté dans sa partie inférieure, 6 dans sa partie supérieure et 2 de profondeur. Cette fosse renfermait :

1° Un cercueil contenant le squelette d'une femme ;

2° Des vases en verre blanc verdâtre et en cristal artificiel ;

3° Des vases en verre de couleur et des assiettes en terre cuite ;

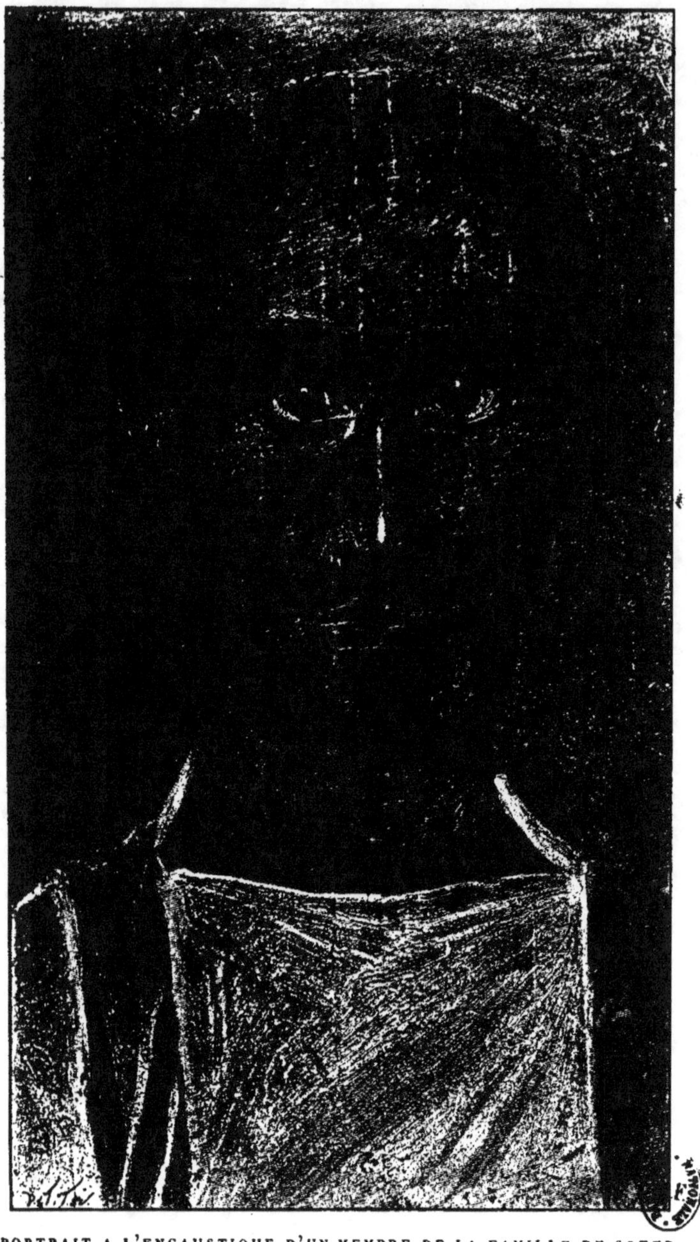

PORTRAIT A L'ENÇAUSTIQUE D'UN MEMBRE DE LA FAMILLE DE SOTER.
Musée du Louvre. — (Fig. 8.)

4° Des amphores ;

5° Des vases en verre blanc très fin, un godet jaune et des débris de boîte en bois ; un petit couteau à virole et deux petits cônes cylindriques d'ambre jaune ;

6° Un mortier en albâtre, avec deux petits broyons (fig. 10) ;

7° Un coffret de fer contenant une boîte à couleurs en bronze ; un godet du même métal (fig. 11) ; un étui renfermant deux petites cuillers ou spatules de bronze ; deux instruments en cristal de roche, dont l'un a été brisé (il était rempli de poudre d'or mêlé à une substance gommeuse), l'autre est reproduit sur le second plan, à droite (fig. 11) ; deux manches de pinceau et une palette en basalte, dont on retrouve un spécimen avec inscription au musée de Cluny (fig. 10) ;

8° De grands vases en verre blanc ;

9° Une grande bouteille en verre blanc remplie d'une matière bleue ;

10° Une petite fiole en verre blanc, un vase de terre noire contenant de la terre de Sienne et du bleu égyptien, un autre vase en verre blanc rempli de résine ;

11° 12° 13° Des débris de coffres en bois [1].

Les petites cuillers ou spatules ne sont autre chose qu'une variété de *cestra* : d'après M. B. Fillon : « l'une est d'une forme charmante et d'un style irréprochable, tandis que l'autre, d'un travail inférieur, n'est pas l'œuvre du même ouvrier. »

Dans un vase M. Chevreul trouva une matière en partie altérée, qui a tous les caractères de la résine de pin ma-

---

1. Benjamin Fillon, *Description de la villa et du tombeau d'une femme artiste gallo-romaine découverts à Saint-Médard-des-Prés*, 1849, p. 26.

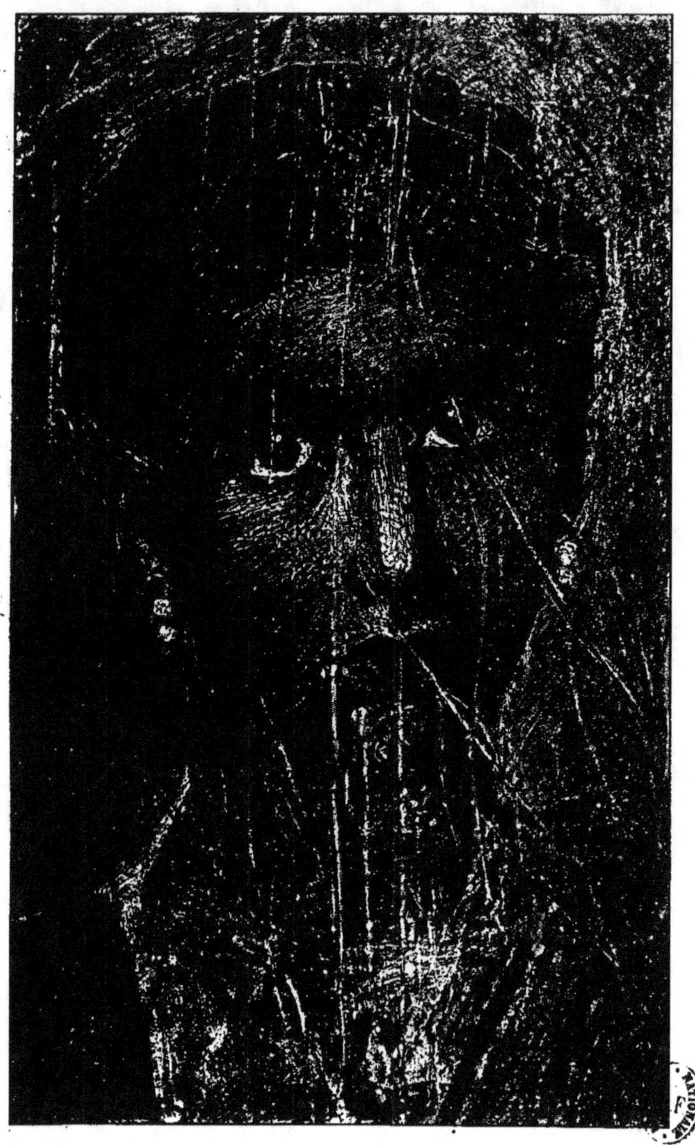

PORTRAIT A L'ENCAUSTIQUE D'UN MEMBRE DE LA FAMILLE DE SOTER.
Musée du Louvre. — (Fig. 9.)

ritime : dans une grande fiole il reconnut de la véritable cire d'abeille dont une très faible quantité s'était altérée; dans une petite fiole à fond plat il trouva un mélange de cire et de résine ; enfin une fiole à fond très plat lui présenta un mélange complexe d'acide oléique et margarique, de cire et de noir de fumée. Ces acides, qui pro-

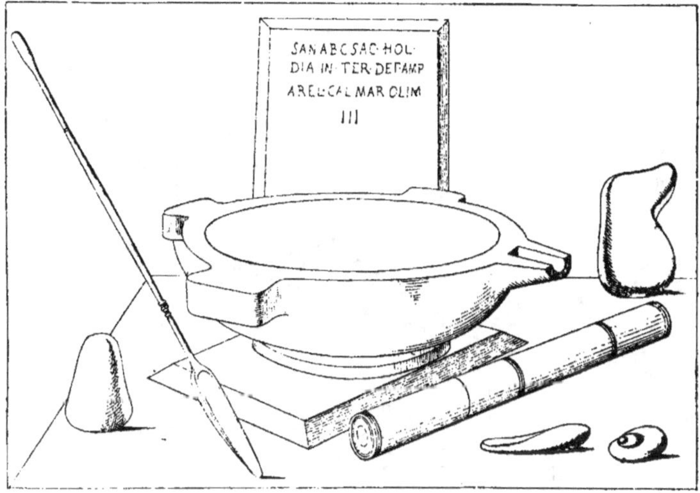

OUTILS TROUVÉS A SAINT-MÉDARD-DES-PRÉS.
(Fig. 10.)

viennent sans doute de l'acidification d'une huile neutre qu'on aura mélangée à la cire, nous mettent en présence d'une dérivation de l'encaustique que nous avons expérimentée et que nous étudierons au chapitre suivant.

Ce n'est pas d'ailleurs le seul cas où l'on ait découvert des résines et des goudrons à côté de couleurs. En 1871, à Pompei, dans la Strada di Stabia, n°⁵ 47, 48, 49, on a

trouvé simultanément un mortier, des morceaux de pierre
ponce, d'asphalte, un mélange d'asphalte et de poix, un
morceau d'ocre jaune avec des parcelles de goudron, du
noir de fumée, de l'ocre rouge et de l'ocre jaune, du bleu,
enfin deux sortes de blanc.

Nous pouvons maintenant déterminer l'usage de tous

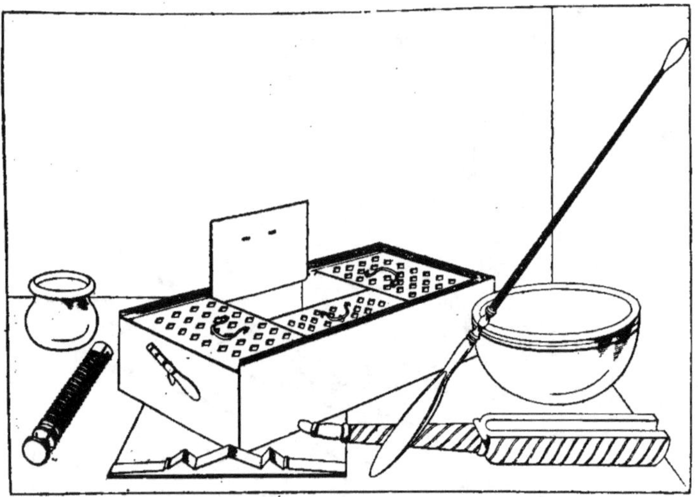

OUTILS TROUVÉS A SAINT-MÉDARD-DES-PRÉS.
(Fig. 11.)

ces instruments tenant du stylet, de la spatule, de la cuiller,
que l'on rencontre en si grand nombre dans les monogra-
phies de fouilles et dans les musées. Ce sont généralement des instruments de la peinture à l'encaustique.

Tels sont les deux outils recueillis au village de Jort
(arrondissement de Falaise) dans lesquels M. Charma[1]

1. *Congrès des Sociétés savantes des départements*, 1865.

voit une sorte d'ongle expliquant l'expression *ad unguem* (fig. 12) ; d'après Montfaucon [1], ils servaient à fouiller les entrailles des victimes ; d'après Roach Smith, ils servaient à puiser une liqueur épaisse [2]. Calvet, fondateur du musée d'Avignon, y voyait des instruments de chirurgie.

Tels sont les instruments du Cabinet des médailles de la Bibliothèque Nationale de Paris ; de la Galerie des Offices de Florence (section des Bronzes) : n°s 1551, 1552, 2123, 2142, 2170, 2171, 2172, 2173, 2174, 2175, 2176, 2177 ; du musée Kircher : n°s 491, 498, 500-502, 551, 552, 553, 554, 557, 558, 559, 561, 562, 563, 565, 566, 567, 568, 569, 570, 571, 572, 573, 574, 577, 578, 579, 583, 584, 585 ; du Musée archéologique de Milan : n° 119, etc., etc.

Nous donnons comme étant les plus caractéristiques les dessins d'une spatule dont le manche est en ligne brisée (n° 572 du musée Kircher) (fig. 13), d'un stylet conservé dans la seconde vitrine du musée profane de Saint-Jean-de-Latran (fig. 14), d'une spatule échancrée du musée Teverino de Rome (fig. 15), et d'une spatule à manche courbe, conservée dans l'armoire 1, vitrine 14, du Musée égyptien de Turin. (Fig. 16.)

1. *Antiquité expliquée*, t. II, p. 148.

2. *The Antiquity of Richborouch, Reculver and Lymne in Kent*, p. 103 et 261.

3. — Restitution du procédé.

L'examen que nous avons fait des peintures et des ins-
-truments, rapproché des textes, nous permet de formuler

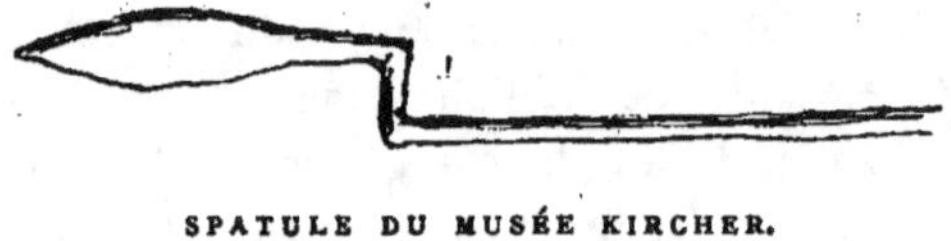

SPATULE DU MUSÉE KIRCHER.
(Fig. 13.)

maintenant la restitution de l'encaustique proprement dite.
Une fois formés en bâtons de cires-résines colorées,

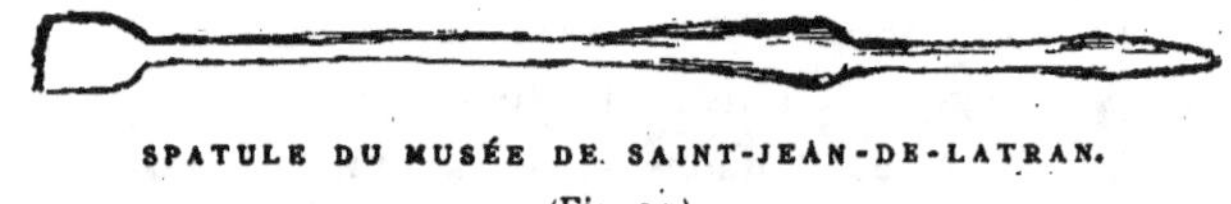

SPATULE DU MUSÉE DE SAINT-JEAN-DE-LATRAN.
(Fig. 14.)

fondues au feu dans des godets séparés ou mieux sur une
palette métallique à godets, les tons sont appliqués sur le

SPATULE DU MUSÉE TEVERINO.
(Fig. 15.)

panneau au moyen d'un pinceau. Jusque-là le travail est
rude et sans liaison. C'est alors que les fers chauffés,
rougis parfois, viennent lier les tons entre eux. Sur la
palette refroidie ou sur une autre composée à cet effet
de cires-couleurs, des fers toujours chauffés peuvent

3

prendre les tons intermédiaires pour opérer cette liaison de la forme et du modelé.

Certaines conditions mécaniques une fois remplies, chaque artiste devait, comme les sculpteurs de nos jours, façonner ses instruments suivant sa main et sa fantaisic personnelle. Ne voit-on pas des peintres préférer les pinceaux plats aux pinceaux ronds et réciproquement, tandis

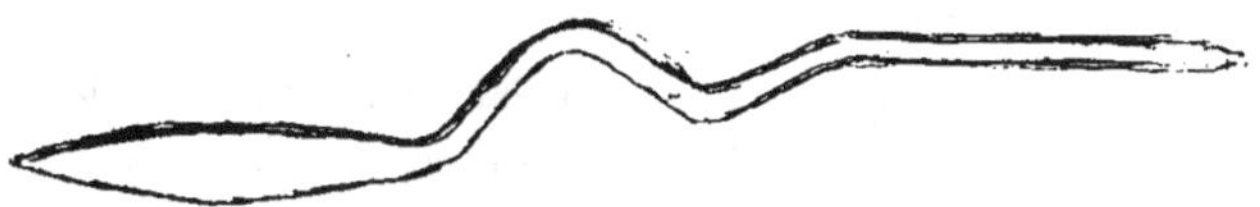

SPATULE DU MUSÉE ÉGYPTIEN DE TURIN.
(Fig. 16.)

que d'autres appliquent les couleurs au moyen du couteau à palette ?

Cette technique se prêtait à toutes les magies de la couleur, à toutes les délicatesses du modelé, et si le tableau gréco-égyptien que nous avons étudié ne présente pas toutes ces qualités, la peinture de Cortone nous montre à quelle perfection le procédé pouvait atteindre entre les mains d'un grand artiste.

II

LES
DÉRIVATIONS DE L'ENCAUSTIQUE

———

Très souvent, tandis que les objets changent, les désignations restent. Nous disons encore *cautérisation* par l'azotate de l'argent, bien que dans ce procédé il n'y ait ni fer, ni feu. De même, par l'évolution des idées, le mot *encaustique* est parvenu à désigner un procédé dans lequel le feu ne jouait plus qu'un rôle secondaire ou nul.

Les anciens connaissaient la dissolution à froid des résines et des cires.

Dioscoride remarque que le mélange de résine et de cire appelé *ζopissa* par les uns, *apochyme* par d'autres, gratté de la proue des vaisseaux, acquiert une propriété dissolvante pour avoir séjourné dans l'eau de mer [1]. Il s'agit sans doute ici de l'action exercée à la longue par le sel marin sur l'enduit. Pline lui-même dit : « Lorsque la cire est attaquée par les sels de la mer, on racle la *ζopissa* [2]. » Quintus Serenus Sammonicus parle de la lessive de cendre comme dissolvant de la cire [3]. Mais cette sapo-

———

1. Ζώπισσαν δὲ εἶπον οἱ μὲν εἶναι τὴν ἐκ τῶν πλοίων ξυομένην ῥητίνην μετὰ τοῦ κηροῦ καλουμένην ὑπ' ἐνίων ἀπόχυμα, οὖσαν διαχυτικὴν διὰ τὸ ἐν τῇ θαλάσσῃ βρέχεσθαι, οἱ δὲ τὴν πιτυΐνην ῥητίνην οὕτως ὠνόμασαν. (Liv. I, ch. xcviii.)

2. Liv. XXIV, ch. vii, § 26.

3. Tunc lixiva cinis ceras dissolvit... (*De Medicina liber*, ch. 44, vers 7. — *Collectio Pisaurensis*, t. IV, p. 135.)

nification ne pouvait avoir grande fixité et par conséquent grande application en peinture.

Pline dit : « Toutes les résines sont dissoutes par l'huile[1]. » Il connaît l'huile d'olive, d'amandes, de laurier, de myrte, de citre, de noix appelée *carynon*, de pommes de cèdre appelé d'après lui *pisselaeon*[2], de graine de Gnide, de Cypre, de glands d'Égypte, de châtaignes, de sésame, de riz, ces trois dernières préparées par les Indiens. Il cite l'huile de poisson, une huile appelée *œnanthine* qui se ferait avec la vigne sauvage, une huile *gleucine*, qu'on obtenait, dit-il, en cuisant avec de l'huile du moût de vin à petit feu. On faisait de l'huile avec l'aspalathe, le calamus, le baume, l'iris, le cardamome, le melilot, le nard celtique, le panax, la marjolaine, l'hélénium, la racine de cinnamome. Pline mentionne encore les huiles de rose, de jonc, de jusquiame, de lupin, de narcisse, de raifort appelée *chortine*, d'ortie nommée *cnédine*; il parle d'une huile appelée *selgitique*, préparée entre la Cappadoce et la Galatie avec les herbes du pays; il signale *l'éléomiel* qui vient spontanément sur les côtes de Syrie et *l'amurca* tant vantée par Caton. Remarquons que les citrons, la lavande, les roses procurent des huiles volatiles par la seule pression.

Mais voici une véritable distillation; il s'agit de l'huile de poix qu'il appelle *pissine* : « On l'obtient, dit-il, en faisant cuire la poix et en étendant, au-dessus de la vapeur qui s'en exhale, des toisons qu'on exprime ensuite : la meilleure huile de poix se fait avec la poix du Brutium, laquelle est très grasse et très résineuse[3]. » C'était une huile volatile analogue à notre essence de térébenthine.

1. Resina omnis dissolvitur oleo. (Liv. XIV, ch. xx, § 25.)
2. Dioscoride appelle ainsi l'huile de poix. (Liv. I, ch. xcv.)
3. E pice fit quod pissinum appellant, quum coquitur, velleribus

Dioscoride, qui traite avec plus de détails le chapitre des résines et des huiles, donne la même préparation au chapitre xcv de son premier livre. Les anciens connaissaient donc la dissolution des résines dans les huiles volatiles.

Pline dit du naphte : « Aux yeux de quelques auteurs c'est une espèce de bitume ; mais cette matière éminemment inflammable, presque de la nature du feu, n'offre aucune espèce d'utilité [1]. Ce témoignage est contredit par ce passage de Pollux : « les matières du peintre, la cire, les couleurs, les *pharmaca*, les pigments [2]. » Entre des objets aussi particuliers que les couleurs et les pigments, le mot *pharmaca* dans cette phrase ne peut avoir qu'un sens particulier. Or, d'après Suidas, *pharmacon* désigne le bitume blanc et liquide de Perse que les anciens appelaient *naphte* [3]. Ils savaient donc la dissolution des cires dans le naphte, et cela sans doute dès les temps les plus reculés.

Ils pratiquaient aussi la dissolution de la cire dans la poix, témoin ce passage de Pline sur les ruches des abeilles : « Après la *commosis* (ce sont les premiers fonde-

---

supra habitum ejus expansis atque ita expressis ; probatum maxime e Brutia ; est enim pinguissima et resinosissima ; color oleo fulvus. (Liv. XV, ch. vii.) Ce passage a été remarqué par de Jaucourt (*Encyclopédie*) et par les historiens de la chimie. (Cf. Herman Kopp, *Geschichte der Chemie*, Erster Theil ; Brunswick, 1843.)

1. Sunt qui et naphtam... bituminis generibus adscribunt, verum ejus ardens natura et ignium cognata procul ab omni usu abest. (Liv. XXXV, ch. xv, § 51.)

2. Καὶ αἱ ὕλαι (ζωγράφου) κηρὸς, χρώματα, φάρμακα, ἄνθη. (*Onomasticum*, lib. VII, ch. xxviii, § 128.)

3. Λέγεται φάρμακον καὶ ὅπερ Μῆδοι νάφθαν καλοῦσι, Ἕλληνες δὲ Μηδείας ἔλαιον. (*Lexicon*, φάρμακον.)

ments de la ruche) vient la *pissoceros* ; c'est une cire plus diluée, comme font ceux qui veulent poisser [1]. »

Ils savaient les propriétés siccatives de l'huile de noix ; la preuve en est ce passage du médecin compilateur Aetius : « L'huile de noix se prépare comme l'huile d'amandes, les noix ayant été écrasées et exprimées, puis après l'écrasement jetées dans l'eau bouillante. Elle est bonne pour les mêmes usages ; elle a de plus cet avantage particulier qu'elle sert aussi bien aux doreurs et aux encaustes : elle sèche en effet et pour longtemps, contient et conserve les dorures et encaustiques [2]. » Dioscoride mentionne l'huile de pavots [3], et s'il n'insiste pas sur les propriétés siccatives de certaines huiles, c'est que ces propriétés dépassaient son objet.

Les anciens connaissaient donc la dissolution de la résine et le mélange des couleurs dans l'huile de noix, ce qui est le procédé retrouvé par Van Eyck, connu sous le nom de peinture à l'huile.

La pratique de la *kausis* que nous étudierons dans l'Encaustique des murs prouve qu'ils connaissaient la propriété que l'huile a d'étendre et d'amollir la cire. Mais ils ne se servaient pas de ce mélange seulement dans cette technique. Le mélange d'huile, de cire et de noir de fumée, trouvé à Saint-Médard-des-Prés, ne servait probablement pas à la *kausis*. Vitruve dit qu'on mêlait le noir

1. Pissoceros super eam venit, picantium modo, ceu dilutior cera. (Liv. XI, ch. vii, § 6.)

2. Ἔλαιον καρυΐνον · ὁμοίως τῷ ἀμυγδαλίνῳ καὶ τοῦτο σκευάζεται, ἢ κοπτομένων καὶ πιεζομένων, ἢ εἰς ὕδωρ ζέον ἐμβαλλομένων μετὰ τὸ κοπῆναι· ἁρμόττει δὲ τοῖς αὐτοῖς · περιττὸν δὲ ἔχει τὸ χρησιμεύειν τοῖς χρυσοῦσιν ἢ ἐγκάιουσι, ξηραίνει τε γὰρ καὶ πολὺν χρόνον συνέχει τὰς χρυσώσεις καὶ ἐγκαύσεις. (*Aetii Amideni Libr. Medic.*, l. I, voce E; Lyon, 1549.)

3. Liv. IV, ch. lxv.

de fumée à la colle pour peindre sur les murailles[1]. Et nous trouverions dans un morceau du Louvre (salle des Peintures antiques) la preuve d'un procédé où la cire serait alliée à l'huile : ce morceau est une frise sur fond noir dont la technique semble avoir été parfaite au doigt (on reconnaît visiblement les traces des papilles sur des cornes), ce qui ne se comprend qu'en admettant que la peinture refroidie était restée molle.

Le musée du Vatican possède une peinture d'une hydrie étrusque dans laquelle on voit un tombeau grec, dont un jeune artiste trace et peint les ornements. Cette peinture a été reproduite par Hittorff[2] : « Rien n'est plus clair que la forme du pinceau, le mouvement du bras droit et la pose de la main qui tient et dirige cet instrument. Rien n'est plus naturellement placé que l'arrière-bras gauche pour indiquer que l'avant-bras est élevé et que, par suite de cette dernière pose, la main tient soit la palette avec les couleurs, soit un ou plusieurs petits vases réunis destinés au même but. » Les couleurs liquides sont employées évidemment à froid, un réchaud serait trop lourd et, comme il s'agit de la décoration d'un monument funéraire en pierre ou en marbre sans stuc, dans laquelle ni la fresque ni la détrempe ne sont admissibles, les couleurs devaient être appliquées à la cire dissoute à froid par un des liquides que nous venons de passer en revue.

Les anciens connaissaient nécessairement les vernis ayant pour base les huiles siccatives. A Rome, les vernis recevaient le nom d'*atramentum*, sans doute parce qu'un vernis change la gamme d'un tableau, d'une technique trouble fait une technique transparente. Les peintres en

1. Glutinum admiscentes, in parietibus utuntur. (Liv. VII, ch. x.)
2. *Restitution du temple d'Empédocle à Sélinonte*, pl. I.

avaient singulièrement perfectionné la préparation : témoin le fameux vernis d'Apelle si vanté par Cicéron [1] et par Pline [2], que personne ne put retrouver. L'application en était générale. « On doit faire, dit Vitruve, au-dessus des lambris des tables d'attente avec un *atramentum*, et interposer des triangles de sil et de minium [3]. »

Des considérations précédentes ressortent trois procédés dérivés de l'encaustique que nous avons appliqués tous trois :

1° Peinture à chaud avec des bâtons de cire et de résine colorées, amollis par l'addition d'une huile comme dans la préparation du tombeau de la peintresse de Saint-Médard, transportés de la palette chaude par le pinceau sur le panneau, puis fondus et modelés au cestrum. L'addition d'huile en facilitant le travail permet de le rendre plus fini, et nous ne serions pas éloignés de voir dans cette manière la technique de la peinture de Cortone.

2° Peinture à froid avec des bâtons de cire et de résine colorées amollis par l'addition d'une huile, transportés directement sur le panneau comme les crayons de pastel,

1. Et ut Apelles si Venerem aut si Protogenes Ialysum illum suum cœno oblitum videret, magnum, credo, acciperet dolorem; sic hunc omnibus a me pictum et politum artis coloribus subito deformatum, non sine magno dolore vidi. (*Cicéron à Atticus*, liv. II, ép. 21.)

2. Unum imitari nemo potuit quod absoluta opera atramento illinebat ita tenui ut id ipsum repercussu claritatis colorem alium excitaret custodiretque a pulvere et sordibus, ad manum intuenti demum appareret, sed et cum ratione magna, ne colorum claritas oculorum aciem offenderet, veluti per lapidem specularem intuentibus a longinquo eadem res nimis floridis coloribus austeritatem occulte daret. (Liv. XXXV, ch. x, § 36.)

3. In his vero supra podia abaci ex atramento sunt subigendi et poliendi cuneis silaneis seu miniaceis interpositis. (Liv. VII, ch. iv.)

puis travaillés au cestrum, comme la cire à modeler est travaillée à l'ébauchoir.

3° Peinture à froid et au pinceau avec des bâtons de cire et de résine colorées dissous dans une huile essentielle et volatile : la peinture à l'huile n'est qu'un cas particulier de cette manière.

III

LES ENCAUSTIQUES SECONDAIRES

1. — Encaustique sur ivoire.

Pline a écrit : « Il n'y a de gloire que pour les artistes qui ont peint des tableaux [1] »; les tableaux avaient en effet la préséance dans l'art. Mais on peignait à l'encaustique sur les fonds les plus divers. Athénée nous parle de vases d'argile peints de diverses couleurs mélangées avec la cire [2]. On a cru reconnaître, sur un vase trouvé dans un tombeau de Centorbi, en Sicile, des traces de cire [3]. Raoul Rochette, qui a publié ce vase [4], signale dans le musée du prince de Biscari, de Catane, deux fragments du même genre, un vase trouvé en 1834 dans un tombeau voisin de Kertsch, enfin un vase du cabinet de feu M. Durand. On sait également qu'Agrippa fit peindre à l'encaustique les ouvrages en terre cuite de ses Thermes.

Nous avons vu d'ailleurs qu'il y avait, à côté de l'encaustique sur tablette cirée, l'encaustique sur ivoire et

1. Nulla gloria artificum nisi eorum qui tabellas pinxere. (Liv. **XXXV**, ch. x, § 37.)

2. Κεράμια... ὧν τριακόσια δὲ κεκηρογραφομένα χρώμασι παντοίοις. (Athénée, *Deipnosophistes E*, 200a, édit. Meineke.)

3. *Bullettino dell' Istituto archeologico*, 1833, p. 5-8.

4. *Peintures antiques inédites*, p. 430, planche XII.

l'encaustique des vaisseaux. L'encaustique sur ivoire avait de commun avec l'encaustique des tableaux l'emploi du cestrum, du feu et de la cire; elle admettait de plus l'emploi préliminaire du burin.

On ne se servait d'ailleurs pas que de l'ivoire pour cette seconde manière : « On emploie, dit Pline, les cornes des ures à plusieurs autres usages de luxe, soit qu'on les colore, soit qu'on les vernisse, il y a enfin les *cestrotes* d'après le genre de peinture pour lequel on les emploie [1]. » Vitruve parle de portes cestrotes, c'est-à-dire incrustées de cire [2].

La pointe du burin avait creusé l'ivoire, puis ces traits que l'on avait tracés en indiquant les ombres, en ménageant les clairs, le cestrum les remplissait de cires colorées dissoutes au feu ou à froid, qu'il unissait ensuite et fixait enfin.

La Bibliothèque du Vatican possède deux petits médaillons d'ivoire dont un seul, représentant une Muse, conserve quelque trace de couleur rouge sur le bord : c'est un des documents que Haus avait signalés dans la collection de Mgr Casali [3]. Cartier a publié dans son mémoire sur la peinture à l'encaustique [4] quelques fragments d'un beau coffret d'ivoire ancien : nous les reproduisons d'après son dessin. (Fig. 17.) Ce coffret, peut-être différent

1. Multasque alias ad delicias conferuntur, nunc tincta, nunc sublita, nunc quæ cestrota picturæ genere dicuntur. (Liv. XI, ch. xxxvii, § 45.) Littré traduit à tort : « soit qu'on s'en serve pour ce genre de peinture appelé *cestrote* ».

2. Ipsæque fores non fiunt cestrotæ, neque bifores, sed valvatæ. (Liv. IV, ch. vi.)

3. *Biblioteca italiana*, t. XVIII, p. 18. — Raoul Rochette, *Peintures antiques inédites*, p. 469 (note).

4. *Revue archéologique*, 2ᵉ année, 1ʳᵉ partie, pl. XXXII.

des fragments que Bonucci et le prince de Capoue virent découvrir à Pompei et qui furent donnés par le prince à une dame anglaise [1], se conserve au British Museum, et des dessins sont à la Bibliothèque Nationale, à Paris.

Notons toutefois que ces fragments remarquables ne sont qu'un spécimen de peinture décorative ; pour avoir une idée exacte de l'encaustique sur ivoire, il nous faut supposer une gravure faite aussi précieusement que ces portraits romains tracés à la pointe sur verre doré et appliqué sur fond noir ou bleu d'un autre verre. On en a trouvé beaucoup dans les Catacombes [2], et le musée du Louvre en possède de charmants [3]. Nous avons ainsi des hachures qui ne le cèdent en rien pour la finesse à ce que la gravure en taille-douce ou à l'eau-forte a fait de plus délicat ; relevons dans notre imagination les délicatesses du dessin de toutes les magies de la couleur, nous arrivons à concevoir une miniature exquise qui réalise, en les laissant bien loin derrière elles, toutes les tentatives de gravures polychromes.

2. — Encaustique des vaisseaux.

Dès l'origine de la navigation, les vaisseaux furent peints d'abord par un sentiment d'utilité, bientôt par luxe : or, on ne pouvait appliquer à la décoration des vaisseaux d'autre procédé que l'encaustique. Pour donner à la cire plus de résistance, on la mélangea avec de la poix ; ce

---

1. *Bulletin de correspondance archéologique*, 1835, p. 129. — Raoul Rochette, *Peintures antiques inédites*, p. 378.

2. Raffaele Garrucci, *Vetri ornati di figure in oro trovati nei cimiteri dei cristiani primitivi di Roma* ; Rome, 1858.

3. Voir, entre autres, le double portrait de Zénobius et Fortunatus.

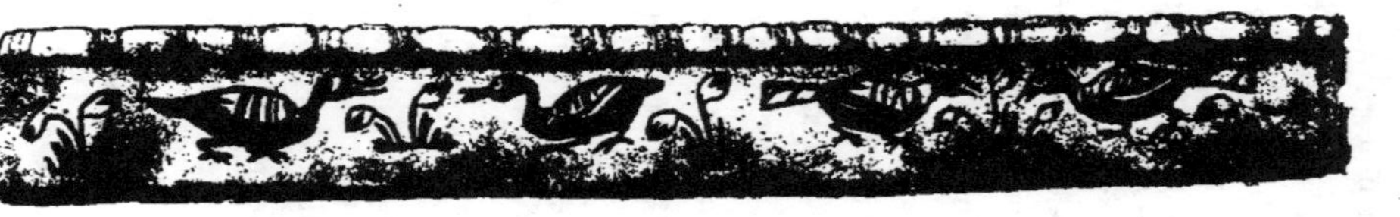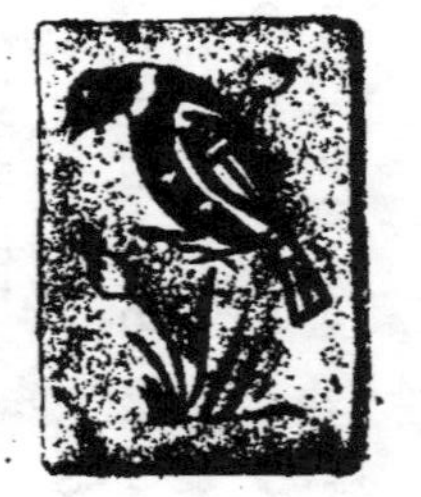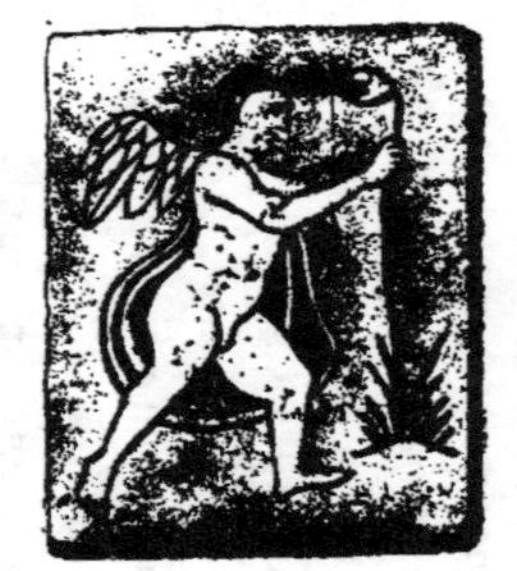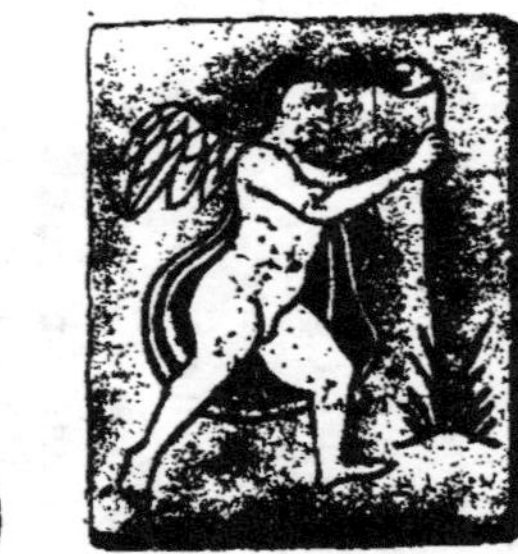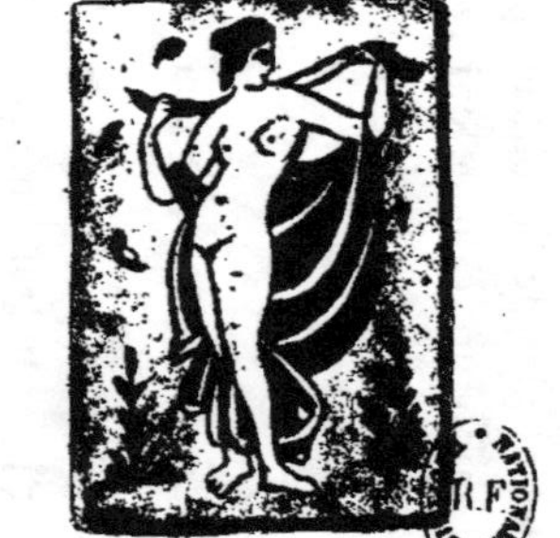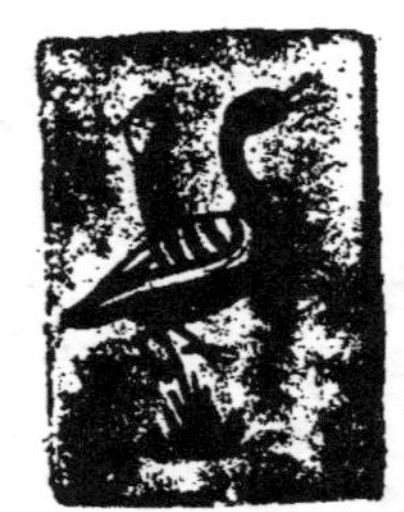

FRAGMENTS D'UN COFFRET D'IVOIRE PEINT A L'ENCAUSTIQUE.

(Fig. 17.)

mastic, que les mouleurs emploient encore de nos jours, s'appelait *ʒopissa*, quand après un long usage on le grattait des vaisseaux. « On appelle *ʒopisse*, dit Pline, le mélange de poix et de cire gratté des vaisseaux maritimes[1]. » Quand on voulait peindre avec le purpurissum, l'indicum, le ceruleum, le melinum, l'orpiment, le vert appien, la céruse, cette poix devait évidemment être remplacée par des résines transparentes. Enfin, on fixait l'enduit appliqué au pinceau en le repassant avec de grands fers chauffés : c'est le seul moyen pratique de brûler la peinture sur des surfaces considérables sans employer la pratique suivante[2].

3. — Encaustique des murs.

Nous verrons quels soins les anciens mettaient à la préparation de leurs fonds de peinture.

L'enduit pouvait recevoir un poli magnifique qui reflétait les images, et on l'enlevait quelquefois des murailles pour en faire des abaques[3]. Le peintre appliquait ensuite une impression, soit à la détrempe, soit à la fresque, et on donnait à ces impressions une solidité très

---

1. Zopissam vocari derasam navibus maritimis picem cum cera. (Liv. XVI, ch. xii, § 23.)

2. Ad eas picturas quæ inuruntur, alieno parietibus genere, classibus familiari. (V. ci-dessus, page 7, note 4.)

3. Imagines aspicientibus ex eo opere remittunt... pro abacis utuntur. (Liv. VII, ch. iii.) Voici une épigramme de *l'Anthologie* qui, croyons-nous, fait allusion à ce poli augmenté encore par la cire : « Un peintre avait peint au milieu de la maison un groupe de Mars et de Vénus. Le soleil qui éclaire tout, en pénétrant par la fenêtre, voit cela et s'arrête courroucé ; mais jusqu'à quel point ? Il ne voulut

grande par une pratique que Vitruve[1] et Pline[2] nous ont décrite ainsi : « Lorsque le mur sera bien poli, bien sec, on lui appliquera avec une soie (pinceau de poil de porc) une couche de cire punique fondue au feu et mêlée d'un peu d'huile, puis, avec des charbons placés dans un réchaud, on chauffera le mur de manière à faire suer la cire et à bien l'unir. On frottera ensuite le tout avec une bougie et des linges propres, comme on le fait aux statues de marbre ; cette opération, que les Grecs appelaient καῦσις, revêt l'enduit d'une cuirasse de cire qui préserve la couleur de la lumière de la lune et des rayons du soleil. » C'est l'encaustique des murs qui s'appliquait encore à un grand nombre d'objets.

pas exhaler sa colère sur de la cire inanimée. » (Livre ,IV, titre xii, épigr. 4.)

> "Αρεα καὶ Παφίην ὁ ζωγράφος ἐς μέσον οἴκου
> 'Αμφιπεριπλέγδεν γέγραφεν ἀμφοτέρους·
> 'Εκ θυρίδος δὲ μολὼν Φαέθων, πολυπάμφαος αἴγλη,
> "Εστη ἀμηχανόων ἀμφοτέρους σκοπέων.
> 'Ηέλιος βαρύμηνις ἕως τίνος; οὐδ' ἐπὶ κηροῦ
> "Ηθελην ἀψύχου τὸν χόλον ἐξελάσαι.

Ce n'est certainement pas l'immoralité du groupe qui mit en colère Phaéton, mais bien l'éclat du fond de peinture qui semblait vouloir lui disputer la lumière.

1. Quum paries expolitus et aridus fuerit, tunc ceram punicam igni liquefactam paulo oleo temperatam seta inducat ; postea carbonibus in ferreo vase compositis, eam ceram apprime cum pariete calefaciendo sudare cogat, fiatque ut peræquetur ; deinde cum candela linteisque puris subigat, uti signa marmorea nuda curantur. (Liv. VII, ch. ix.)

2. Pariete siccato, cera punica cum oleo liquefacta, candens sætis inducatur iterumque admotis gallæ carbonibus inuratur ad sudorem usque, postea candelis subigatur ac deinde linteis puris, sicut et marmora nitescunt. (L. XXXIII, ch. viii, § 40.) Pline recommande le charbon de noix de galle qui, étant plus homogène, donne une chaleur plus égale que le charbon ordinaire.

Une inscription publiée sous le n° 2297 du recueil de Boeck oppose la brûlure (ἔγκαυσιν) des portes à la peinture des murs (γραφήν).

Cette pratique concourait beaucoup à la décoration extérieure des édifices.

« Les constructions en charpente, dit Vitruve, furent imitées par les architectes dans celles des temples en pierre et en marbre et, en coupant l'extrémité des poutres dépassant les murs, on y appliquait des planches de la forme des triglyphes qu'on couvrait de cire bleue[1]. »

Un fragment d'une inscription grecque trouvé en 1836, qui contenait le détail des travaux d'ornement en sculpture, peinture et dorure du temple de Minerve Poliade, renferme ce passage : « Pour l'ouvrier qui a brûlé la cymaise de la frise intérieure à raison de cinq oboles le pied (cent treize pieds d'ouvrage), nous avons donné au fermier Dyonysodore, habitant à Mélite, en outre de ce qu'il avait reçu auparavant (caution Héraclide d'Œa), quarante-quatre drachmes. » Il s'agit ici évidemment de simples couches données à la muraille, cela résulte du prix relativement faible que coûtait un pied (75 centimes environ) et de l'absence du nom des ouvriers qui sont toujours cités[2].

Les analyses que Faraday a faites d'enduits et de couleurs rapportés des monuments d'Athènes par Donaldson constatent :

1° Que des couches ou des enduits très minces prove-

---

1. In lapideis et marmoreis ædium sacrarum ædificationibus artifices dispositiones eorum sculpturis sunt imitati... tum projecturas lignorum quantum eminebant ad lineam et perpendiculum parietum præsecuerunt... et eas cera cærulea depinxerunt... (Liv. IV, ch. II.)

2. *Journal des Savants*, 1837, p. 570-571. Mémoire de Letronne : *Les Grecs ont-ils peint l'extérieur des monuments en marbre blanc?*

nant des antes ou tirés du bâtiment en aile des propylées, contenaient de la cire et du bleu produit par du carbonate de cuivre;

2° Qu'une croûte provenant des soffites des mutules du Theseion se composait de cire et de bleu fait avec une substance vitrifiée colorée avec du cuivre.

3° Que les couleurs bleues détachées des caissons du même temple étaient une fritte ou vitrification de cuivre également mélangée avec de la cire;

4° Qu'une partie d'enduit provenant des colonnes du Theseion n'offrait pas de cire ni aucune couleur minérale, si ce n'est une légère trace de fer; qu'une gomme odoriférante paraissait présente dans quelques parties, et une substance combustible, peut-être végétale, dans toutes[1].

Les analyses de Landerer sur deux nuances de rouge, sur du vert, du bleu, du blanc, du noir, du jaune, qui ornaient des monuments antiques d'Athènes, sont tout aussi concluantes : partout on constate des mélanges d'huile et de cire[2].

Geiger[3] analysa un fragment d'enduit colorié, de deux pouces carrés et d'un demi-pouce d'épaisseur, qui avait été rapporté par Belzoni d'un tombeau de Biban el Moluk. Les couleurs étaient :

1° Du brun rouge (oxyde de fer mélangé avec un peu de cinabre);

2° Un vert mélangé de jaune organique;

3° Un jaune organique;

4° Un noir organique.

---

1. Hittorff, *Restitution du temple d'Empédocle*, p. 547.

2. Rangabé, *Antiquités helléniques*, t. Ier, p. 63.

3. *Chemische Untersuchung alt-ægyptischer und alt-rœmischer Farben;* Carlsruhe, 1826.

Le gluten de ces couleurs était de la cire aromatique mélangée avec de la résine aromatique et une substance animale différente de la colle.

Le même chimiste trouva de la cire et des matières organiques sur deux fragments pompéiens et sur un fragment de la villa Adrienne, recouverts de cinabre; si la cire n'est pas d'application moderne, sa présence s'expliquerait par l'inustion nécessaire du cinabre. Toutefois, ce seul cas excepté, les analyses n'ont jamais découvert de cire dans les peintures de Pompei; il n'y a aucun monument de l'encaustique sur mur : la cire est partout d'application moderne, et il est bien regrettable qu'on n'ait rien trouvé de mieux pour conserver les peintures. Cette cire, dissoute dans une huile essentielle, en transforme le caractère; tous les studieux qui ont étudié au musée de Naples les rares morceaux ou fragments de morceaux laissés sans vernis ont certainement éprouvé ce sentiment.

Quelques mois avant de découvrir le tombeau de la peintresse gallo-romaine de Saint-Médard, en 1845, des ouvriers trouvaient les ruines d'une villa romaine dont on peut fixer la construction au iiie siècle [1]. Sous ces ruines, il y avait des peintures dont les motifs sont en tout semblables à la décoration des murs de Pompei et d'Herculanum; nous en reparlerons. Deux fragments retrouvés parmi les débris avaient un aspect plus brillant que les autres et présentaient ceci de particulier que, si l'on grattait légèrement les couleurs avec une lame de canif afin d'enlever la première couche, elles devenaient friables, se réduisaient en poudre et se détachaient à l'eau, résultat

---

1. Benjamin Fillon, *Description de la villa et du tombeau d'une femme artiste gallo-romaine découverts à Saint-Médard-des-Prés;* Fontenay, 1849, p. 59. Voir ci-après, page 97.

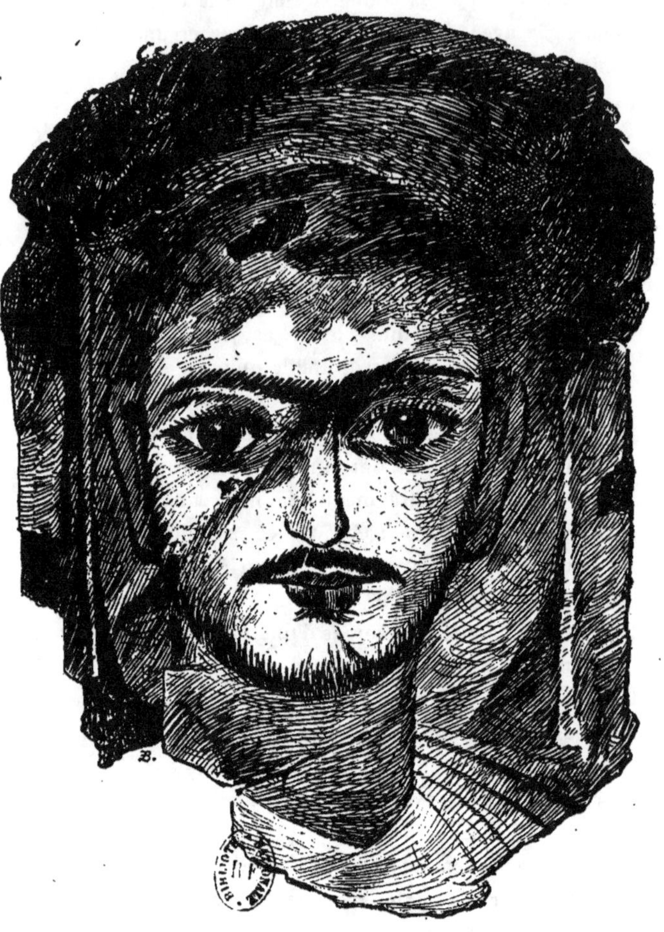

MASQUÉ PEINT SUR TOILE A LA DÉTREMPE CIRÉE.
(Musée du Louvre. — (Fig. 18)

qu'il est impossible d'obtenir en conservant la couche supérieure; elles devaient sans doute cette propriété à l'enduit de cire dont elles avaient été revêtues [1].

Nous paraît avoir été exécutée à la détrempe cirée une tête peinte sur toile, cataloguée sous le n° 3308 du Musée égyptien du Louvre, mais trop vague pour que nous puissions en donner la photographie : en voici le dessin. (Fig. 18.) Les lèvres sont pourprées; le ton de chair est brun; les yeux sont noirs; le fond de peinture est gris; les sourcils noirs; la toile a reçu d'abord une préparation blanche en détrempe ; on a peint ensuite en détrempe; puis la peinture a reçu une couche de cire : ceci est évident, car si on gratte un peu la cire, la couleur, au lieu de disparaître, ce qui arriverait si la cire faisait corps avec elle, prend au contraire un nouvel éclat.

4. — Encaustique des statues.

Cette pratique nous conduit à une autre application de l'encaustique qui a été longtemps méconnue. Nous avons vu qu'on employait à l'égard des statues de marbre la καῦσις. Et l'on ne mettait pas seulement en œuvre cette préparation pour conserver le poli et la dureté du marbre; on cherchait à l'embellir de teintes variées. L'encaustique était le seul moyen de colorer sans épaisseur et de faire entrer la couleur dans le marbre sans altération. Quatremère de Quincy a relevé un grand nombre de citations et de faits qui établissent d'une manière indéniable l'existence, chez les Grecs, de la

---

1. Chevreul, *Mémoires de l'Académie des sciences*, t. XXII.

sculpture polychrome [1]. M. Ravaisson-Mollien en poursuit
les traces sur les monuments du Louvre. Les couleurs
données aux statues par le moyen de l'encaustique étaient
d'après Quatremère de Quincy plutôt des teintes légères
que des tons foncés; le ton qu'on appliquait le plus volon-
tiers sur le nu était, dit-il, selon les indications encore sen-
sibles aujourd'hui de plus d'un ouvrage antique, un ton
rougeâtre, à peu près celui qu'on appelle couleur de chair.
Cependant il faut admettre des tons vigoureux et profonds :
telle statue sur laquelle nous n'apercevons plus dans nos
musées que des teintes légères était bien différente lors de
son exhumation. Il est bien certain en outre que les colorations devaient être aussi variées et cherchées que possible,
puisque les sculpteurs appelaient les peintres à leur
secours.

C'est la pratique qui est appelée par Pline *circumlitio*
dans ce passage : « On demandait à Praxitèle quelles
étaient celles de ses statues qu'il préférait : — celles auxquelles Nicias a mis la main ; tant il faisait cas de la
circumlitio de ce peintre [2]. » Nicias était peintre à l'encaustique et grand peintre; on comprend le choix de
Praxitèle et ses préférences.

Le mot *circumlitio* réapparaît dans le second membre
de cette phrase d'Apulée : *Ceræ inustum vel pigmentis
illitum* [3].

---

1. *Le Jupiter Olympien*, p. 51 et suiv. — Visconti, *Museo Pio-
Clementino*, t. II, p. 72.

2. Hic est Nicias de quo dicebat Praxiteles interrogatus quæ
maxime opera sua probaret in marmoribus; quibus Nicias manum
admovisset, tantum circumlitioni ejus tribuebat. (Liv. XXXV, ch. xi,
§ 40.)

3. *In Apologia.* — Ducange, *Glossarium mediæ et infimæ græcitatis*, col. 649.

Pour empêcher l'oxydation des statues d'airain, les anciens employaient le bitume : témoin ce passage de Pline : « Nous avons dit aussi qu'on a l'habitude de recouvrir les statues d'un vernis de bitume[1]. »

Et ce sont là des pratiques qu'il importe au plus haut point de faire revivre : combien de bas-reliefs, de statues, s'effritent aujourd'hui pour tomber en ruine demain !

Ces monuments n'ont point seulement à redouter les moisissures, les lichens; le soufre a toujours été dans l'atmosphère, soit par les eaux sulfureuses, soit par les émanations volcaniques; les foyers industriels en augmentent tous les jours les proportions. Ce soufre, sous l'influence de conditions spéciales, s'oxyde et se transforme en vapeurs d'acide sulfurique très dilué, qui ont pour résultat final de transformer en sulfate de chaux (plâtre) le marbre (carbonate de chaux). Une mince couche de cire en fermant les pores de la matière empêche cette destruction; nous pouvons l'assurer après de nombreuses expériences de laboratoire.

C'est un devoir de recourir à ce moyen si simple et si pratique, qui offre d'ailleurs l'avantage de donner une patine au marbre[2].

1. Diximus et tingi solitas ex eo statuas et illini. (Liv. **XXXV**, ch. **xv**, § 51.)

2. Cf. la brochure de M. Treu : *Sollen wir unsere Statuen bemalen?* Berlin, 1884.

IV

HISTOIRE DE LA PEINTURE

A L'ENCAUSTIQUE

————

« On ne sait, dit Pline, quel est le premier qui a imaginé de peindre avec des cires et de brûler la peinture. Quelques-uns croient qu'Aristide a été l'inventeur de ce procédé et que Praxitèle l'a perfectionné; mais ces genres de peinture sont un peu plus anciens, puisqu'ils ont été connus de Polygnote, de Nicanor, d'Arcésilaus, artistes de Paros. Lysippe même écrivit sur les peintures d'Égine: *il a brûlé;* ce qu'il n'aurait certainement pas fait, si l'encaustique n'avait été inventée[1]. »

Dans l'ode anacréontique que nous avons citée, l'auteur parle de l'encaustique et appelle le peintre : maître dans l'art des Rhodiens : ῥοδέης κοίρανε τέχνης[2]. Faut-il croire avec d'Hancarville que le poète semble attribuer l'invention de ce procédé à ce peuple[3] ? Nous croyons que l'encaustique n'a pas d'inventeur.

1. Ceris pingere ac picturam inurere qui primus excogitaverit non constat. Quidam Aristidis inventum putant, postea consummatum a Praxitele, sed aliquanto vetustiores encausticæ picturæ existere ut Polignoti et Nicanoris et Arcesilai Pariorum. Lysippus quoque Æginæ picturæ suæ inscripsit: Ἐνεκαυσεν, quod profecto non fecisset, nisi encaustica inventa. (Liv. XXXV, ch. xi, § 39.)

2. Voyez page 4, note 1.

3. *Antiquités étrusques, grecques et romaines tirées du Cabinet de M. Hamilton,* t. IV, 1767, p. 221.

Il apparaît dans l'évolution de la science certaines conceptions importantes dont on chercherait vainement l'auteur et qui se rattachent tout naturellement à des phénomènes généraux contemporains ou antérieurs. Par exemple : les notations algébriques élémentaires, sans lesquelles l'analyse moderne serait impossible, nous apparaissent comme des abréviations paléographiques de leurs significations verbales, abréviations que l'on fut conduit fatalement à employer comme toutes les autres. Il en est ainsi de l'encaustique.

Dans le ve siècle avant J.-C., nous voyons la cire apparaître sur les tablettes de bois qui, dans la Bible[1] et l'*Iliade*[2], servent à l'écriture. Hérodote raconte que, pour informer secrètement ses concitoyens des préparatifs de Xerxès, Démarate enleva la cire, écrivit son avertissement sur le bois, le recouvrit de cire et envoya la tablette à Lacédémone[3]. C'est la première mention de tablette cirée que nous connaissions. Pour les temps postérieurs les témoignages se pressent et ce mode d'écrire était certainement très répandu au siècle de Périclès. On faisait des tablettes d'ivoire et de toutes espèces de bois ; on les teignait également de toutes les couleurs[4]. De l'écriture à la peinture, le passage était tout naturel. Au début, l'écriture, étant hiéroglyphique, se confondait avec la peinture. En égyptien, les mêmes mots désignent *écrire* et *peindre*[5] ; l'identité des dénominations se retrouve en grec. Une seconde

1. *Habacuc*, ch. II, v. 2. — *Isaïe*, ch. XXX, v. 8.
2. *Iliade*, liv. VI, v. 169.
3. *Histoires*, liv. VII, ch. ccxxxix.
4. Edélestand Du Méril, *De l'usage non interrompu jusqu'à nos jours des tablettes en cire*; Paris, Franck, 1861.
5. Rosellini, *I monumenti dell' Egitto e della Nubia.* Parte secunda, *Monumenti civili*, t. II, p. 172.

alliance de deux arts donna naissance, au ve siècle, à l'encaustique des tableaux. Le stylet qui écrit sur les tablettes cirées est une tige de métal ayant à l'un de ses bouts une pointe pour tracer, à l'autre une surface pour effacer l'écriture et unir la couche de cire. Sa forme n'est pas essentiellement différente du cestrum. Lorsque la cire était trop durcie par le froid, on dut chauffer l'instrument; il devenait alors un véritable cestrum et les pugillaires étaient bien près de devenir des tableaux.

Les Égyptiens ont beaucoup peint à l'encaustique; mais on ignore à partir de quelle époque; c'est plutôt après la conquête macédonienne que ce procédé semble s'être développé[1]; ils appliquaient les dérivations de l'encaustique, les préparations de cire et de naphte[2].

Chez les Grecs, l'encaustique progressa. Pline fait honneur à Praxitèle[3] d'un perfectionnement qu'il ne précise pas.

Il cite Philoxène d'Érétrie comme ayant simplifié les procédés[4] et plusieurs grands maîtres qui les ont pratiqués. Ce sont : Aristide, Lysippe, Polygnote, Nicanor, Archelaüs, Pamphile, Pausias, Euphranor, Cydias, Antidotus, Nicias, Athénion, Glaucion, Héraclide, Métrodore, Timomaque, Aristolaüs, Mécophanes, Socrates.

L'encaustique suivit à Rome les triomphateurs; sous le règne d'Auguste, Ludius ou plutôt Tadius décora de figures et de paysages les maisons[5]; c'était peut-être de la fresque ou de la détrempe cirée. Pline trouve que les

1. Perrot et Chipiez, *Histoire de l'Art*, t. I, p. 786.
2. Prisse d'Avennes, *Histoire de l'art égyptien*, 1879, p. 291.
3. Liv. XXXV, ch. xi, § 39.
4. Hic, celeritatem præceptoris secutus, breviores etiamnum quasdam picturæ compendiarias invenit. (Liv. XXXV, ch, x, § 36.)
5. *Pline*, liv. XXXV, ch. x, § 37 (éd. Jahn).

marines dont cet artiste a décoré les édifices non couverts font un effet très agréable et à très peu de frais [1]. Cette manière eut beaucoup de succès, et Vitruve s'en plaint [2] au point de vue de la perfection de l'art et de la pureté du goût; les décorateurs de murs furent appelés pendant longtemps *encaustes* [3].

Dans les premiers siècles de l'ère chrétienne, l'encaustique devint un art chrétien. Un anonyme, dans un commentaire de la vie de saint Luc [4], et Théophanes [5] affirment que saint Luc fit à l'encaustique un portrait de la Mère de Dieu; mais c'est là une légende [6]. Chez Eusèbe [7], saint Jean Chrysostome [8], l'encaustique prend le nom de κηρόχυτος γραφή. Nicéphore, patrice de Constantinople, emploie le mot de κηρόχυτος ὕλη [9]. Le procédé

1. Idem subdialibus maritimas urbis pingere instituit blandissimo aspectu minimoque impendio. (Liv. XXXV, ch. x, § 37.)

2. Liv. VII, ch. v.

3. Ἔγκαυσται λέγονται οἱ ζωγράφοι, οἱ διαγράφοντες τοὺς τοίχους. (*Etymologicum magnum*, art. Ἐγκεχαυμένη.)

4. Καὶ αὐτὸν τὸν τοῦ προλήμματος τοῦ ἐμοῦ Χριστοῦ τύπον, τόντε τῆς αὐτοῦ τεκούσης καὶ δούσης τὸ πρόσλημμα, χαρακτῆρα πρῶτος οὗτος κηρῷ καὶ χρώμασι γράψας, ἐν εἰκόνι τιμᾶσθαι μέχρι καὶ νῦν παρέδωκεν. (Ducange, *Glossarium mediæ et infimæ græcitatis*, col. 648.)

5. Καὶ Λουκᾶς ὁ γλαφυρὸς Εὐαγελιστὴς τὴν εἰκόνα τῆς Θεομήτορος κηρῷ καὶ χρώμασι ἐξωγράφησεν. (Homélie 20, *In Dominic. orthodoxiæ;* — Ducange, *Glossarium mediæ et infimæ græcitatis*, col. 648.)

6. Émeric David, *Histoire de la peinture au moyen âge*, p. 22.

7. Καὶ οἱ μὲν σκιαγραφίας κηροχύτου γράφης ἄνθεσιν. (*Vie de Constantin*, l. I, ch. iii.) Remarquons le mot σκιαγραφίας exprimant l'ombre, les reliefs.

8. Ἐγὼ καὶ τὴν κηρόχυτον γραφὴν ἠγάπησα εὐσεβείας πεπληρωμένην.... ὥσπερ γὰρ ὅτε βασιλικοὶ χαρακτῆρες καὶ εἰκόνες εἰς πόλιν εἰσφέρονται, καὶ ὑπαντῶσιν αὐτοῖς Ἄρχοντες καὶ δῆμοι μετ' εὐφημίας, οὐ σανίδα τιμῶσιν, οὐδὲ τὴν κηρόχυτον γραφὴν, ἀλλὰ τὸν χαρακτῆρα τοῦ βασιλέως. (Ducange, *Glossarium*, col. 648.)

9. Τάς τέ ἐν τοῖς ἐκεῖσε ἰδρυμένοις τῶν προόδων οἴκοις, οὓς Ῥωμαῖοι

est appelé κηρογραφία par Callisthène le Rhodien [1], χρωματουργία par l'évêque Théodose [2], χρωματικὴ ζωγραφία par Nicétas le Paphlagonien [3]. Les auteurs ecclésiastiques ne semblent connaître que ce procédé. « Deux fois faussaire et par le cauterium et par le style », dit Tertullien du peintre Hermogène [4]. La fresque et l'encaustique sont, dit-on, associées dans les peintures de la villa d'Adrien et des Thermes de Titus [5]; on croit constater également des traces de cire sur les peintures des plus anciennes catacombes [6]. Eusèbe décrit un grand tableau à l'encaustique qui représentait Constantin précipitant dans les flots un dragon, symbole des ennemis de l'Église [7]. Constantinople, en devenant le siège de l'Église triomphante, devint le centre d'où l'encaustique rayonna.

A partir du ixᵉ siècle ce procédé décline. Les écrivains contemporains qui indiquent avec beaucoup de détails les procédés de la fresque, de la détrempe et de la peinture sur verre, le négligent. Comme le remarque Émeric David, « l'obligation de couvrir de peintures toute la surface intérieure des églises et les dilapidations fréquentes des bénéficiers devant faire souvent rechercher les pro-

Σέκρετα καλοῦσιν, τότε μικρὸν δόμημα, καὶ τὸ μέγα, τοῦ Σωτῆρος καὶ τῶν ἁγίων οὔσας διὰ ψηφίδων χρυσῶν καὶ κηροχύτου ὕλης εἰκονογραφίας ἀπέξυσε. (Ducange, *Glossarium*, col. 648.)

1. *Commentaire sur Athénée*, liv. V.
2. *Livre de la satisfaction*, syn. VII, act. I.
3. *Vie d'Ignace, patrice de Constantinople*.
4. *Patrologie latine*, tome II, page 198.
5. Émeric David, *Histoire de la peinture*, p. 97.
6. Émeric David, *Histoire de la peinture*, p. 98 (note). L'éminent M. de Rossi nous a assuré qu'il ne connaissait aucune peinture à l'encaustique dans les Catacombes; la technique serait la fresque terminée parfois par la détrempe.
7. *Vie de Constantin*, liv. III, ch. iii.

cédés les moins coûteux, l'usage de la fresque devint plus commun [1] ». La cire était rare ; elle servait à tant d'usages ecclésiastiques.

Les vieux peintres russes d'images saintes (Ikono-pistzy) comme les vieux Italiens ne l'emploient plus pour garantir et faire briller leurs couleurs ; sur une planche recouverte d'une couche de craie délayée dans du blanc d'œuf et polie par l'agate ou la dent, ils décalquent l'image ; ils exécutent ensuite leurs nimbes et leurs ornementations soit par la gravure, soit en relief par la même pâte à l'œuf ; ils appliquent à froid une couche d'huile qui a été bouillie, et enfin mettent l'image dans un four pour durcir le tout [2].

Le procédé proprement dit s'altéra peu à peu. L'Italie reçut des Grecs une manière consistant dans un mélange d'œuf et de cire [3]. Après 1360 se propage un procédé dérivé, mais qui n'a plus autant d'éclat, la peinture à l'huile.

Cependant Eastlake tire du manuscrit de Lucques, viiie siècle), et du manuscrit de Jean le Bègue, qui écrivait dans les Pays-Bas en 1431, plusieurs citations sur la peinture à la cire. On aurait même employé pour peindre une dissolution de la cire dans la potasse caustique : ceci est établi par deux recettes tirées, l'une du manuel du moine Denis, l'autre de Lebègue [4].

Les peintures de Buffalmacco au Campo Santo de Pise sont appliquées sur une couche de cire de l'épais-seur d'environ une demi-ligne et, selon toutes les appa-rences, cette cire était fixée avec une huile volatile sur un

1. Émeric David, *Histoire de la peinture*, p. 98.

2. Nous devons ces renseignements à la courtoisie de M. D. Gre-gorovitch.

3. P. de Montabert, *Traité complet de la peinture*, t. VIII, p. 509.

4. Eastlake, *Materials for a History of oil painting*; Londres, 1847, page 158 et suivantes.

léger enduit composé d'une substance tenace soluble dans l'eau et colorée en jaune. L'or des peintures de Benozzo Gozzoli dans le même Campo Santo, séparé des fonds par immersion dans l'eau bouillante distillée, laisse apparaître des pellicules de cire sur la surface[1].

En 1851, les travaux de restauration de la Sainte-Chapelle amenèrent la découverte d'une *Annonciation* peinte à cru sur le mur d'une fausse fenêtre du côté nord de la chapelle basse; MM. Dumas et Persoz furent chargés d'en analyser les couleurs et de faire connaître les excipients ou enduits qui avaient servi à les fixer. Les deux savants trouvèrent qu'un enduit gras et résineux avait été appliqué sur la pierre qui porte la peinture; sur cet enduit, le peintre de la Sainte-Chapelle avait collé de l'or en feuilles qui forme le fonds de presque toute peinture; entre les feuilles d'or et l'enduit, il avait appliqué un ciment rouge-orangé, formé très probablement d'emplâtre diapalme malaxé dans son état mou avec du minium. Les couleurs étaient déposées en couches très minces nullement empâtées; les tons frais et purs n'étaient nullement salis par la teinte brune de l'enduit gras qui avait pénétré la pierre ou qui était déposé sur les feuilles d'or: aussi MM. Dumas et Persoz conjecturèrent-ils qu'après l'application de l'or, le peintre avait couvert la place à peindre d'un mordant d'huile siccative et que celui-ci, amené à une consistance convenable, était saupoudré de couleur en poudre sèche. Tout le tableau avait reçu comme dernière préparation un enduit de cire[2].

---

1. *Lettera del prof. Bianchi al prof. Ciampi*, p. 18, citée par Mᵐᵉ Merrifield, *Original Treatises dating from the XII*th *to XVIII*th *Centuries on the Arts of Painting*; Londres, 1849, t. I, p. xcvi et suiv.

2. *Comptes rendus des séances de l'Académie des Sciences*, t. XXIII, p. 509 et suiv.

Plusieurs tableaux des premiers temps, qui paraissaient à l'huile, ont été analysés par le chimiste Bianchi, qui a trouvé des parties de cire dans ceux qui avaient le plus d'éclat. On connaît les relations publiées par le P. della Valle sur les fournitures de cire faites en 1345 et 1351 à André Pisano pour les peintures de la cathédrale d'Orvieto.

Au xv⁵ siècle, Coelius Rhodiginus, né à Rovigo, dans les États de Venise, écrit sur le cautère ces lignes excellentes : « Le *cautérium* consiste en ces instruments du peintre par lesquels on dissout les enduits de bitume et les *conglutinations*, surtout dans cette peinture qu'on appelle encaustique [1]. » La tradition n'était pas encore perdue.

En 1427, les peintures de la vie de saint Bartholomé, dans le dôme de Francfort-sur-le-Mein, sont encore exécutées, dit-on, avec des couleurs mélangées de cire. Il existe un portrait de Luther par Lucas Cranach, peint en 1520, à la cire, comme le témoigne l'inscription suivante :

Æterna ipse suæ mentis simulachra Lutherus
Exprimit : ac vultus cera Lucæ occiduos.

MDXX.

Enfin, Mme Merrifield [2] cite, comme passant pour être peint à la cire, un Martyre de saint Simon le Jeune par André Mantegna ; ce tableau faisait partie de la collection de M. Joseph Vallardi, à Milan, en 1830. « La peinture, dit-elle, est parfaite, les couleurs claires et la touche aiguë ;

1. Cauterium in pictorum instrumentis continetur quo bituminatiónes et fortiores quæque conglutinatiónes coquuntur, maxime in ea pictura quæ Ἐγχαυστιχή appellatur. (*Antiquæ lectiones*, lib. VII, ch. xiii.) Ce passage a été souvent attribué à Pline ; on le retrouve dans le *Calepin* et dans divers lexiques.
2. *Original Treatises* ; Londres, 1849, t. I, p. ci.

les ombres sont très épaisses; mais la peinture présente des raies comme si elle avait été touchée par quelque chose qui ait troublé la surface. On dit pourtant que jamais elle n'a été réparée et que l'authenticité est indubitable... » Il est difficile de mieux caractériser un tableau à l'encaustique; ce témoignage produit en dehors de toute idée préconçue est d'une grande valeur.

L'encaustique sur ivoire suivit toutes les phases de l'encaustique des tableaux. Le musée égyptien du Louvre possède des sarcophages en granit et en bois dont les figures tracées en creux renferment encore d'assez notables quantités de cire verte. Les Grecs durent porter cette manière à un haut degré de perfection. Les Romains la prodiguèrent sur leurs lits, leurs tables et dans leurs appartements. Jaia de Cyzique, qui mourut vierge et qui acquit tant de célébrité en ce genre [1], ne doit pas être un exemple unique. La miniature a toujours été pratiquée avec succès par les femmes et Pline cite beaucoup de femmes ayant excellé en peinture : Timarète, fille de Mycon, Irène, Calypso, Alcisthène, Aristarète, fille de Néarque, Olympiade [2]. A Constantinople, on cultiva nécessairement la peinture sur ivoire. Seulement, comme cette matière était souvent employée à faire des diptyques et qu'elle devenait ainsi plus rare, on délaissa le cestrum; le burin s'exerça sur les métaux et on exécuta des nielles et des damasquinures.

L'encaustique des vaisseaux est bien antérieure à la

---

1. Iaia Cyzicena perpetua virgo, Marci Varronis juventa Romæ et penicillo pinxit et cestro in ebore imagines mulierum maxime et Neapoli anum in grandi tabula, suam quoque imaginem ad speculum. (Liv. XXXV, ch. xi, § 40.)

2. Liv. XXXV, ch. xi, § 40.

date que Pline lui attribue; plus ancienne que l'encaustique des tableaux, elle devait exister déjà au temps
d'Homère, puisqu'on trouve chez lui l'image de vaisseaux
aux joues rouges (μιλτοπάρῃος ou φοινιχοπάρῃος) et qu'on
ne pouvait appliquer des couleurs sur des vaisseaux ni à
la détrempe, ni à la fresque.

Pline semble fixer la date de la naissance de l'encaustique sur mur dans ce passage : « Pausias imagina le
premier de peindre les plafonds et les chambres; avant lui
on n'avait pas la coutume de ce mode d'ornementation [1]. »
Pausias était un célèbre peintre à l'encaustique. C'est donc
probablement ce procédé qu'il employa : il vivait dans le
IVe siècle avant Jésus-Christ.

Ce procédé s'est perpétué jusqu'à nos jours. Hittorff
le retrouve avec justesse dans les stucs milanais dont voici
la préparation : On couvre.d'abord les parois de plusieurs
couches de mortier ordinaire; on étend ensuite sur ces
couches, et avant qu'elles soient séchées, un nouvel enduit
d'une ligne d'épaisseur composé de sable plus fin et de
chaux que l'on étend avec une truelle en bois très unie et
de la forme d'un rectangle allongé; sur cet enduit encore
humide on applique un second enduit de même épaisseur,
composé de chaux éteinte au moins quinze jours d'avance
et de poudre de marbre. Quand cet enduit est à peu près
sec, on le recouvre d'un second enduit de stuc, composé
d'un tiers de poudre de marbre et de deux tiers de chaux.
Après quoi, si l'on veut obtenir un fond blanc, on étend
de la chaux pure; si l'on veut des teintes, il faut préala-
blement les mêler avec la poudre de marbre et la chaux,
qui forment la seconde couche de l'enduit; ensuite avec la

1. Idem et lacunaria primus et pingere instituit et cameras, nec
ante eum taliter adornari mos fuit. (L. XXXV, ch. XI, § 40.)

couleur du fond, prise très liquide et délayée dans l'eau de savon et de chaux, on couvre la superficie une, deux ou trois fois. Sur ce stuc ainsi coloré ou laissé blanc, on peint avec un pinceau ou une éponge; on laisse sécher, puis on prend une autre petite truelle en fer, que l'on chauffe, et avec le dos de cette truelle on passe sur la surface enduite jusqu'à ce qu'elle soit parfaitement luisante. Enfin, avec une composition formée de trois onces et demie de cire et de six onces de savon fondu au feu et délayé ensuite dans deux bouteilles d'eau bouillante, on couvre encore plusieurs fois le stuc déjà luisant et l'on y passe rapidement la truelle à dos arrondi. Quoique le fer soit froid, ce mouvement de rotation produit une chaleur très considérable qui remplace la καῦσις[1].

Les Égyptiens ont-ils connu l'encaustique des statues ? C'est chose certaine. Sur des figurines en terre John a trouvé des cires colorées[2]. A Beni-Hassan on remarque un peintre représenté coloriant une statue[3]. Des œuvres venues d'Égypte ont-elles été le point de départ de la sculpture polychrome en Grèce? Les sculptures du Parthénon, du temple de Thésée démontrent que les Grecs pratiquaient cette méthode dès le ve siècle avant Jésus-Christ. L'apogée de cette pratique chez les Romains coïncide avec le règne de Néron. Pline dit : « Nous avons commencé à peindre la pierre. On prit l'habitude de changer par l'insertion des couleurs les veines naturelles des marbres contre des veines artificielles[4] »; mais il est bien certain qu'à Rome, la polychromie encaustique des statues

---

1. Hittorff, *Restitution du temple d'Empédocle à Sélinonte*, p. 685.
2. Hittorff, *ibid.*, p. 560.
3. Champollion, *Monuments de l'Égypte et de la Nubie*, pl. CLXXX.
4. Cœpimus et lapidem pingere. (Liv. XXXIII, ch. 1.)

est bien antérieure à Claude [1]. Tout le monde se souvient du vœu de Corydon à Diane [2] : « Si ces dons te rendent propice, une statue tout entière de marbre poli te représentera les jambes ornées d'un brodequin de pourpre. »

1. Hoc Claudii principatu inventum. (Liv. XXXIII, ch. 1.)
2. Virgile, *Églogue VII*, v. 31-32.

V

LES RESTITUTIONS ANTÉRIEURES

Le problème de la peinture à l'encaustique a suscité un nombre considérable de livres, mémoires, discussions ; mais à toutes les restitutions proposées jusqu'à ce jour il a manqué une condition absolue de certitude : la critique de monuments authentiques.

Au XVIe siècle, nous voyons le problème soulevé dans le *Gallus Romæ Hospes* de Louis de Montjosieu et compliqué des conjectures les plus singulières. Ce serait peine perdue de les reproduire [1].

Au XVIIe siècle, Saumaise, dans ses *Exercices sur Pline* [2], Vossius, dans ses *Origine et progrès de l'Idolâtrie* et sa *Peinture* [3], rassemblent quelques textes sur la matière.

En 1669, Scheffer conjecture que sur des tables de bois ou d'autre matière on traçait au feu l'image, qu'on remplissait ensuite ces creux de cires multicolores, qu'enfin on nivelait la surface en approchant du feu.

La même pratique se faisait d'après lui sur l'ivoire ; il

1. *Ludovici Demontiosii Gallus Romæ Hospes;* Rome, 1585, p. 13-14.
2. Rome, 1689, p. 163.
3. Liv. IV, ch. XCI, et liv. V, ch. XLVII.

remarque avec justesse que le cestrum est un instrument commun aux deux manières [1].

Le Glossarium mediæ et infimæ græcitatis de Ducange (1678) renferme une recension assez complète des textes sur la matière. Ducange termine l'article κηρόχυτος γραφή par ces réflexions : « J'ai développé un peu longuement ce sujet, car j'ai remarqué plus d'une fois que nos peintres académiciens ignorent cette antique manière de peindre. En effet, en montrant ces tableaux byzantins tirés du Cabinet Sainte-Geneviève, je demandai souvent en quoi consistait cette peinture et je ne trouvai personne qui pût me dire avoir compris cet ancien procédé [2]. »

Que représentaient ces tableaux ?

Voici un passage curieux du *Cabinet de Sainte-Geneviève* par le Père du Molinet [3] : « Ce serait ici le lieu de faire graver une espèce de petit oratoire de bois qui a deux petits volets peints des deux côtés et dorés ; sur la planche du fond, en dedans, on voit trois figures grecques : la première de Notre-Seigneur, la seconde de la sainte Vierge et la troisième de saint Jean, avec leurs noms en grec. Sur le volet à droite, en dedans, sont les figures de saint Étienne, sainte Thècle et sainte Catherine ; sur le volet à gauche, en dedans, les images de saint Jean

---

1. *Ioannis Schefferi Argentoratensis Grafice id est de Arte pingendi*; Nuremberg, p. 55.

2. Nam cum tabellas illas græcanicas ex archeio Sangenovefano depromptas et nostra opera in æs incisas ostendissem, ab iis percunctatus cujus modi ea esset pictura, nemo inventus est qui hanc veterum pictorum artem sese assecutum omnino affirmarit. (Lyon, 1688, t. I, p. 651.)

3. *Le Cabinet de la bibliothèque Sainte-Geneviève*, divisé en deux parties, par le R. P. Claude Du Molinet ; Paris, 1692, p. 2.

Chrysostome, de saint Nicolas et de saint Basile ; leurs
habits pontificaux sont différents, au moins quant à celui
de l'archevêque qui est au milieu de ces deux grands
saints. Sur le volet qui est à droite et sur la face extérieure,
on voit les portraits de sainte Barbe, sainte Parascève et
sainte Marine ; sur le couvercle est une croix d'or cons-
tellée de plusieurs lettres grecques ; toutes ces figures
sont fort bien peintes et assez antiques. Ducange et le
Père Henschenius ont donné ce tableau, copié sur
l'original que nous en avons, le premier au troisième
volume de son *Glossarium ad Scriptores mediæ et infimæ
latinitatis,* le second au tome premier du mois de mai
dans le grand ouvrage *Acta Sanctorum* que Bollandus a
commencé. » Les figures que vient de décrire le Père du
Molinet sont évidemment celles auxquelles Ducange
fait allusion ; elles ont été gravées à la fin du tome III
du *Glossaire de moyenne et basse latinité* (planches 8 à 11
de la dissertation sur les monnaies des empereurs de
Constantinople). Qu'est devenu le petit oratoire ? Ces
tableaux étaient-ils vraiment peints à l'encaustique ? Il
nous a été impossible de le savoir.

Au commencement du xviiie siècle, à Londres, Leblond,
un peintre miniaturiste connu pour d'autres recherches
de technique, s'occupa de peinture à l'encaustique et il eut
pour disciple Gautier, un Français, et Jackson, un Anglais ;
mais nous n'avons pu rencontrer son travail [1].

Le 12 novembre 1754, le comte de Caylus exposait une

1. Sur Leblond cf. Houbraken, *Der groote Schonburg der Neder-
landschen Kont-schilder;* La Haye, 1734, t. I, p. 341 ; — *Füssli's
Kunst-lexicon,* p. 269 et 329 ; — *C.-A. Bœttigers Kleine Schriften
archæologischen und antiquarischen Inhalts gesammelt und heraus-
gegeben von Julius Sillig,* t. II, 1838, p. 129.

Minerve que Vien avait commencée par des procédés prétendus encaustiques et terminée suivant la technique d'une peinture en cire imaginée par Caylus. Le 29 juillet 1755, le célèbre amateur lisait devant l'Académie des Inscriptions son Mémoire sur la peinture à l'encaustique.

Dans ce travail, poursuivi en commun avec le docteur Majault, il expose quatre procédés encaustiques :

Premier procédé. — Les couleurs une fois préparées, on en remplit certains godets ; on fait fondre ces couleurs à l'eau bouillante ; de ces cires colorées fondues on forme les teintes sur la palette chaude et l'on peint avec des brosses sur la planche enduite et pénétrée de cire et de plus échauffée.

Deuxième procédé. — On fait fondre les cires colorées dans l'eau bouillante, puis on les bat avec une spatule d'ivoire jusqu'à ce que l'eau soit refroidie ; la cire par cette manœuvre se divise en molécules et fait une espèce de poudre qui nage dans l'eau et que l'on conserve toujours humide ; on met une portion de chacune des cires dans des godets et l'on opère avec des pinceaux ordinaires comme si l'on peignait en détrempe ; le tableau ainsi achevé, on fixe les cires colorées avec le réchaud de doreur ou avec une poêle mince remplie de feu.

Troisième procédé. — Lorsque l'on a imprégné vivement la planche de cire, on peint sur cette planche avec les couleurs préparées à l'eau pure ou à l'eau gommée ; pour-faire prendre la couleur à l'eau sur la cire, on répand sur la cire une poussière très fine de blanc d'Espagne ; puis, lorsque le tableau est peint on le présente au feu ; la cire qui est sous la couleur se fond, pénètre la couleur et vient à la surface du tableau.

Quatrième procédé. — Ce procédé ne diffère du précédent qu'en ceci : au lieu de mettre la cire sous la couleur, on la met dessus en une lame mince comme une carte à jouer [1].

De ces quatre procédés les deux derniers seuls inspirèrent quelque confiance aux artistes. « M. de Caylus, dit Charles-Nicolas Cochin, obtint de Carle Vanloo, de Vien et de quelques autres, qu'ils en fissent quelques morceaux [2]. » C'est dire assez que cette prétendue restitution n'eut pas de succès pratique ; au point de vue historique l'outillage ne peut se démontrer : on voit ce que deviennent les *cauteria* — un réchaud ou une boîte de fer-blanc remplie d'eau bouillante.

Le mémoire de Caylus fut l'origine de discussions et de pamphlets interminables. « Bachelier, qui avait quelque connaissance de la chimie, imagina de mêler la cire avec l'eau par le moyen du sel de tartre, de peindre avec les couleurs imbibées de cette mixtion et ensuite de refondre le tableau pour le fixer. Les divers essais qu'il en fit lui réussirent et si les tableaux qu'il produisit ont été argués d'être un peu gris, ç'a été la faute du peintre et non celle du moyen d'opérer. M. Pierre en fit pour essais un petit tableau où il y avait des chairs de femme de la plus belle couleur [3]... On prétendit même par un bel étalage de raisonnements chimiques que, le sel de tartre étant entré dans cette peinture, elle ne pourrait soutenir l'humidité, malgré l'expérience qu'on avait faite sur un tableau qu'on avait laissé plus de six mois dans une cave très humide,

---

1. *Mémoires de l'Académie des Inscriptions*, t. XXIX, p. 166.
2. *Mémoires inédits sur le comte de Caylus, Bouchardon, les Slodtz*, publiés par M. Charles Henry ; Paris, Charavay, 1880, p. 69.
3. *Mémoires inédits de Ch.-Nic. Cochin*, p. 40.

sans qu'il en fût altéré[1]. » Diderot écrivit une brochure[2] pour exposer le moyen trouvé par Bachelier, revendiquer en sa faveur la priorité de la recherche et maltraiter M. de Caylus. Le peintre d'émail Rouquet fit une plaisanterie intitulée : *l'Art nouveau de la peinture en fromage*, où la découverte de Bachelier était spirituellement moquée[3]. Enfin, trois ans après que dans les volumes de l'Encyclopédie avaient paru ces recherches, le prince de San-Severo se donna des airs de découverte, en remplit toutes les gazettes et l'abbé Richard dans sa *Description historique et critique de l'Italie* se fit l'organe de ces prétentions[4]. Bachelier eût tout un essaim d'imitateurs; on imagina la peinture éléodorique[5], la peinture à l'huile-cire[6], la peinture éludorique[7], etc.

Nous arrivons au remarquable livre que l'abbé Requeno publia en 1784 à Venise et dont il fit paraître en deux volumes une seconde édition en 1787[8].

Nous ne connaissons que cette édition ; l'encaustique proprement dite y est parfaitement restituée.

« On a pour peindre une planche de bois polie, lisse et

---

1. *Mémoires inédits de Ch.-Nic. Cochin*, p. 42.

2. *Histoire et secret de la peinture en cire* (s. l. n. d. et sans nom d'auteur), 1755.

3. *L'Art nouveau de la peinture en fromage ou en ramequin, inventée pour suivre le louable projet de trouver graduellement des façons de peindre inférieures à celles qui existent;* Marolles, 1755.

4. T. IV, p. 199-200.

5. Calau, *Ausführliche Versuche wie das punische oder eleodorische Wachs aufzulösen;* Leipzig, 1769, in-8°.

6. *La Cire alliée avec l'huile, ou la peinture-cire trouvée à Mannheim*, par Charles Baron de Taubenheim. 1770.

7. *Peinture éludorique*, par M. de Montpetit. 1782.

8. *Saggi sul ristabilimento dell' antica arte de greci e romani pittori;* Parma, dalla Stamperia reale.

sans impression, sur laquelle on dessine au charbon ou au crayon rouge. On fait fabriquer des stylets de fer ou d'autre métal plus précieux qui seront d'un bout pointus et aigus, de l'autre bout plats et coniques *(conici)*. Ce sont les pinceaux pour ce genre de peinture.

« Pour commencer le travail on a un fourneau avec du feu près de soi pour chauffer les stylets dont on aura de grands et de petits comme pour des pinceaux. A chacun d'eux, pour pouvoir les manier commodément, j'ai fait mettre un manche de bois, dans le milieu entre la pointe et la spatule ; à d'autres, je n'ai rien fait mettre du tout, je les ai fait faire seulement longs tels que je les ai vus représentés d'après les originaux dans les tableaux d'Herculanum[1]. A d'autres de ces instruments, je n'ai laissé d'usuelle que l'une des extrémités, spatule ou pointe, le manche de bois pouvant s'adapter à l'autre extrémité. Les cires sont tenues dans autant de petits casiers, comme le faisaient les anciens suivant Varron.

« Les mélanges de couleurs simples et les teintes je les ai faits presque toujours sur un morceau de planchette avec la spatule chaude, et comme ils devaient être en suffisante quantité je les ai formés en petits cylindres; parfois je les ai faits sur une feuille de tôle de fer. Cette dernière espèce de palette se nettoie en la mettant sur le feu.

« Alors, tenant à la main ou devant soi les cires et les mélanges préparés, on prend avec la pointe de la spatule chaude qui chauffe mais ne brûle pas, on prend une portion et on l'applique où l'on veut ; nettoyant immédiatement la pointe de la spatule avec un chiffon de lin, on couvre en étendant la couleur avec l'instrument,

---

1. Une seule peinture à notre connaissance peut offrir la représentation du cestrum : nous la décrirons plus loin. (Page 109.)

en unissant, en effumant (*sfumando*) et lissant la couche
avec la spatule et en prenant d'autres couleurs dès que la
première est refroidie. Au commencement, le peintre
se trouve singulièrement embarrassé pour modeler (*con-
tornare*); mais en peu de jours par la pratique il arrive à
cette facilité et à cette promptitude qui faisaient dire à
Sénèque : « Je suis émerveillé de la célérité avec laquelle un
« peintre faisant un portrait passe de la cire au tableau et
« du tableau à la cire. »

Quoique très mal écrit, ce livre est de beaucoup le
plus remarquable sur la question [1], et cependant les travaux postérieurs ne le citent guère que pour en dire du
mal.

Fabroni prit dans son mémoire une seule face de la
question. Par l'examen de la peinture blanche d'un habit
de momie conservé au musée de Florence il crut pouvoir
établir, qu'outre la matière colorante il n'entrait dans la
peinture à l'encaustique que de la cire pure, que cette cire
était toujours détrempée dans de l'huile de naphte, dont
l'Égypte possédait des sources naturelles, enfin qu'on pouvait obtenir le même résultat avec l'essence de térébenthine [2]. Les deux premières de ces conclusions ne sont
vraies que pour des cas particuliers.

En 1806, Fiorillo terminait un travail sur la peinture
à l'encaustique par ces sages réflexions : « Beaucoup d'ar-

---

1. Il a suscité beaucoup de brochures dont il serait trop long d'en-
tretenir le lecteur : la *Cerografia*, de G. Tomaselli, Vérone, 1765;
la *Memoria della pittura all' encausto*, di Giammaria Astori, Venise,
1786; le *Discorso della cera punica* du chevalier Lorgna, etc.

2. *Antichità, vantaggi e metodo della pittura encausta*, discours lu
à l'Académie de Florence, le 10 septembre 1794, publié dans l'*Antologia* (1796-1797) et résumé dans les *Annales de chimie*, t. XXVI,
p. 104.

tistes ont consacré leurs forces à la restitution de l'encaustique ; mais aucun n'a pu donner son procédé comme le véritable procédé des anciens. Toutes les recherches ont abouti
à ceci qu'avec de la cire, des couleurs, des burins *(Griffeln)*
et d'autres instruments, on était en état de finir un tableau ;
mais les Grecs ont-ils peint ainsi ? C'est encore une question... Tant que nous ne découvrirons pas un tableau à
l'encaustique, nous ne pourrons connaître le procédé des
anciens. Jusqu'alors l'encaustique sera une hypothèse [1]. »

En 1811, Hooker publia une prétendue *Manière de
préparer et d'appliquer la composition pour la peinture
nommée encaustique à l'imitation de la manière des
anciens Grecs.* C'est un assez bizarre mélange de gomme
arabique, d'eau, de mastic et de cire blanche, qui peut
avoir son utilité, mais qui ne saurait avoir la prétention
d'être grec [2].

En 1815, Castellan soumit à l'Institut un procédé qui
consistait à peindre sur une impression de cire avec des
couleurs broyées à l'huile d'olive, puis à sécher la peinture
avec un réchaud. La commission, tout en accordant des
éloges au procédé, fit de justes réserves sur la question de
savoir s'il était vraiment antique. *(Moniteur universel* du
22 juin 1815.)

En 1820, parurent dans la *Biblioteca Italiana,*
tome XVIII, page 15, quelques pages du marquis Haus sur
l'encaustique ; elles ne contiennent aucune idée nouvelle.

En 1822, Soehnée, dans ses *Recherches nouvelles sur
les procédés de peinture des Anciens*, préconisa une encaustique à la gomme copal sans emploi d'huile.

---

1. *Kleine Schriften artistischen Inhalts,* von J. D. Fiorillo ; Goet-
tingen, 1806, t. II, p. 183.
2. *Annales de chimie,* t. LXXVII, p. 161.

En 1829 [1], Paillot de Montabert proposa une peinture qu'on peut résumer ainsi :

1° Mélanger la cire colorée avec des résines d'élémi et de copal qui la dissolvent à froid et qui permettent le maniement du pinceau.

2° Couvrir le panneau de cire, peindre sur cette surface; approcher un réchaud pour lier les couleurs avec le dessous, continuer ainsi en liant toujours les couches de couleur entre elles par le réchaud; enfin couvrir la peinture d'une dernière couche de cire qui s'incorpore et fait masse avec le tout par la chaleur. Le cauterium est encore un réchaud.

Ce procédé n'est certainement pas l'encaustique proprement dite des anciens ; mais le savant artiste en a préconisé d'autres dont l'un au moins, la dissolution des résines et des cires dans des huiles essentielles, a été certainement appliqué par l'antiquité. Il a le grand mérite d'avoir attiré l'attention des peintres sur les procédés matériels et d'avoir provoqué des techniques dont la tradition n'est pas perdue.

En 1832, parut à Remiremont une brochure intitulée : *Peinture à la cire pure et au feu, ou Nouveaux procédés encaustiques que l'on croit semblables à ceux des anciens artistes grecs et romains, par F****. C'est une heureuse divination de l'encaustique proprement dite des tableaux, certainement indépendante des recherches de l'abbé Requeno.

Pour Hirt [2], Roux, Grund, Maier, Wiegmann, la méthode ancienne consistait à étendre sur une planche deux couches de cire de couleurs différentes, à dessiner dessus au moyen d'une pointe, à porter sur le dessin avec

---

1. *Geschichte der bildenden Kunst bei den Alten*; Berlin, 1833.
2. *Traité complet de la peinture*, t. VIII, p. 526 et suiv.

le cestrum de la cire colorée, à travailler le tout et à fondre avec le réchaud ou cauterium.

En 1844, Durosier publia un *Manuel du peintre à la cire* qui est un résumé des travaux de Montabert et de Taubenheim, avec des renseignements sur la dorure à la cire et les moyens de garantir la peinture à l'huile.

En 1845-1846, E. Cartier, dans son *Mémoire de la peinture encaustique des anciens et de ses véritables procédés,* chercha à établir que les anciens mélangeaient la cire à l'œuf et que ce dernier corps obtenait ainsi la propriété de se rendre soluble dans l'eau. Le fameux passage de Pline : « encausto pingendi » y est interprété ainsi : « Le premier genre de peinture se pratiquait sur toute espèce de fond, avec de la cire préparée ; le second s'exécutait sur l'ivoire au moyen de cestrum. » Le cestrum devient un burin et le *cauterium* une imitation en petit de nos coquilles à rôtir.

Dans son bel ouvrage : *Restitution du temple d'Empédocle à Sélinonte* ou *l'Architecture polychrome chez les Grecs* (1851), Hittorff reproduisit les opinions de Cartier sur le cestrum et l'encaustique sur ivoire ; mais il démontra bien que la peinture à l'œuf et à la cire n'offre aucune solidité. Pour lui la technique ancienne consistait seulement dans la dissolution de la cire au moyen d'essences ou d'huiles volatiles ; les couleurs se préparaient avec un gluten composé de cette cire et de résines transparentes. C'est un des procédés de Montabert appliqué dans l'église de Saint-Vincent-de-Paul, à Paris, par Perlet, Laure, Gleyre, Quantin, Bouterweck, Lestang-Parade, Dussauce, Flandrin, Picot, mais avec la seule cautérisation des fonds, appliqué sur de petits panneaux par André Giroux et Paul Carpentier avec la cautérisation des couleurs. Ce procédé a **été** beaucoup appliqué aussi à Munich, à Parme, à Rome, etc.

En 1868, paraissait en tête de l'ouvrage de Helbig : *les Peintures murales des villes enfouies de la Campanie*, une dissertation de M. Otto Donner sur *les peintures antiques au point de vue technique*. C'est un travail fort consciencieux, moins incomplet en ce qui concerne la fresque, mais laissant beaucoup à désirer en ce qui concerne l'encaustique. Les éléments du passage de Pline « encausto pingendi » y sont parfaitement analysés. Mais l'auteur n'admet la dissolution de la cire ni par le feu, ni par les huiles éthérées ; il veut que la cire ait été simplement portée à la consistance de la cire à modeler par un mélange d'une résine balsamique ou d'une huile grasse. D'après lui, le cestrum est une truelle dont le bout aigu pouvait servir à dessiner ; le cauterium, un réchaud, et il considère comme un instrument particulier le petit bâton de fer (*rhabdion*) par lequel Plutarque, en littérateur qui se soucie peu de la précision, désigne certainement le cestrum. Nous reviendrons sur ce point. (Page 108.)

Les idées de M. Donner sont reproduites et adoptées par M. W. Fol dans son *Catalogue*, 3ᵉ partie ; Genève, 1876.

VI

NOTRE PRATIQUE PERSONNELLE

DE

L'ENCAUSTIQUE PROPREMENT DITE

1. — Le fourneau.

C'est le premier de nos ustensiles ; il sert pendant tout le temps que dure le travail de l'encaustique : 1º à préparer les cires colorées ; 2º à tenir la palette chaude pour peindre au moyen du pinceau ; 3º à faire chauffer les fers *(cauteria)* pour continuer indéfiniment la peinture.

Le fourneau de métal ou de terre devra être d'assez petite dimension ; autrement, l'artiste qui l'a à sa gauche pourrait être incommodé par une trop grande quantité de charbon allumé. Pour éviter les vapeurs bleuâtres de l'oxyde de carbone, on se servira de préférence de charbon ayant déjà brûlé, communément appelé *braise*.

Est-il nécessaire de recommander que l'endroit où l'on travaille soit dans des conditions d'aération suffisante ? Nous ne saurions cependant taire ce point, afin qu'on ne rendît pas le procédé lui-même responsable du mal qu'on se serait attiré par la négligence des précautions les plus élémentaires. On pourrait d'ailleurs éviter la dispersion dans le local de la moindre quantité de gaz, en employant des réchauds un peu plus compliqués, dont il serait facile d'indiquer le plan. L'orifice aura en diamètre un peu plus de la longueur d'une main, et la palette devra s'y tenir bien horizontalement et portant sur les bords.

2. — La palette chaude.

Elle consiste en un disque de métal étamé — fer ou cuivre — dans lequel on aura fait repousser en creux des godets ; elle sera munie d'un manche de fer garni de bois à l'extrémité, afin que l'artiste puisse à tout moment l'ôter et la remettre sur le feu sans se brûler. Les godets ne doivent pas occuper toute la surface ; une partie plane sera réservée pour faire les mélanges de tons.

3. — La cire ; la fabrication des couleurs ; les proportions.

On choisira la cire blanche la plus pure ; c'est la cire employée par les pharmaciens qui offre le plus de garanties, malgré les traces de chlore qu'elle peut contenir. On peut sans doute l'employer seule dans la fabrication des couleurs, mais on l'augmentera avec avantage de la moitié de son poids de résine de pin épurée dite *colophane ;* il faut choisir la colophane la moins colorée. Cette addition économise une notable quantité de cire, et, loin de nuire aux couleurs, leur donne plus de brillant et plus de ténacité.

Nous avons cité plus haut (p. 14 et suiv.) les textes et les monuments qui établissent que les anciens employaient simultanément de la cire et des résines dans leur peinture à l'encaustique.

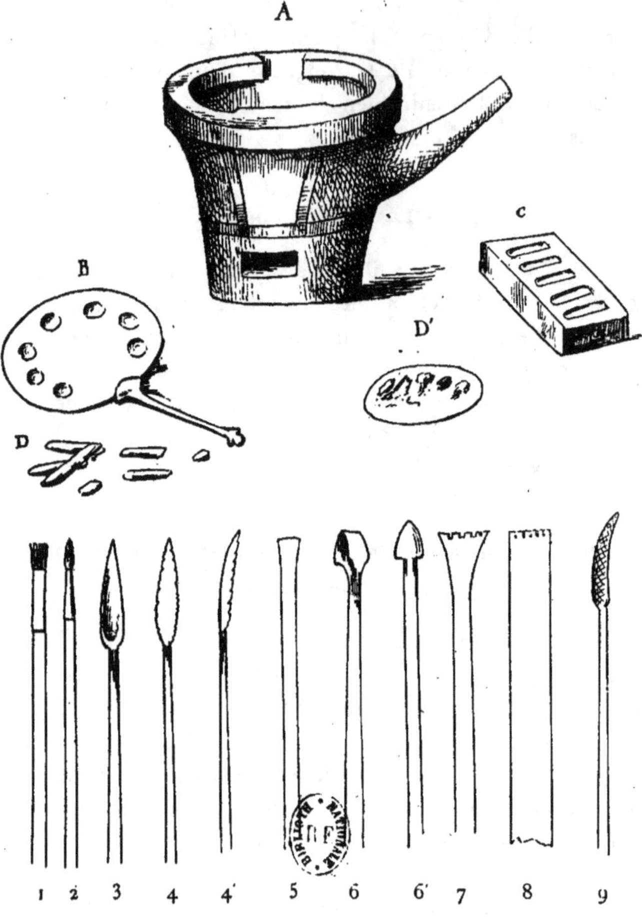

NOS USTENSILES ET INSTRUMENTS.

(Fig. 19.)

A. Fourneau. — B. Palette métallique à godets. — C. Moule pour former les bâtons de cires-couleurs. — D. Cires-couleurs. — D'. Palette froide. — EE. Pinceaux et cauteria : 1 et 2, brosses plates et rondes ; 3, cuiller ; 4, cestrum ; 4', profil du même ; 5, cauterium avec touche en ciseau ; 6, 6', cauterium en forme de style ; 7, 8, cauteria gradinés ; 9, cestrum avec touche de râpe.

6

Les couleurs ne prennent pas toutes une égale quantité de cire ; les couleurs légères en demandent une bien moindre, tandis que les couleurs·lourdes ou celles qui fournissent beaucoup en demandent davantage. Il arriverait, si l'on ne tenait pas compte des proportions relatives à chaque couleur, que, les unes ayant trop de véhicule, seraient trop transparentes, et que les autres, n'en ayant pas assez, laisseraient comme des crayons échapper au moindre frottement la couleur pulvérisée. La résine a d'ailleurs l'avantage de rétablir une harmonie de proportions entre toutes les couleurs et le véhicule.

Un travail consciencieux a été fait par Caylus sur ce sujet : c'est de son travail erroné en tant de points la partie durable. Nous ne saurions mieux faire que de reproduire sa table en transformant ses anciennes mesures. Notre ami, M. André Olive l'a vérifié en partie et a même préparé avec des couleurs d'aniline un grand nombre de pâtes colorantes.

TABLE DE PROPORTIONS DES QUANTITÉS DE CIRE.

ET DES DIFFÉRENTES COULEURS.

	Grammes.		Grammes.
Blanc de plomb	30	Rouge brun d'Angleterre	30
Cire	18	Cire	30
Céruse	30	Ocre brûlée	30
Cire	20	Cire	40
Vermillon	90	Terre d'Italie	30
Cire	40	Cire	40
Carmin	30	Jaune de Naples	30
Cire	45	Cire	16
Laque	30	Sil de grain de Troyes	30
Cire	45	Cire	45

	Grammes.		Grammes.
Sil de grain d'Angleterre	3o	Émail fin d'Angleterre	3o
Cire	45	Cire	15
Cire jaune	3o	Laque verte	3o
Ocre	40	Cire	38
Ocre de ru	3o	Terre de Cologne	3o
Cire	40	Cire	45
Outremer	3o	Noir de pêche	3o
Cire	3o	Cire	45
Bleu de Prusse (le plus léger)	3o	Noir d'ivoire	3o
Cire	60	Cire	40
Cendres bleues	3o	Noir de fumée	3o
Cire	24	Cire	40

Nous avons employé une méthode toute pratique pour doser ces quantités. Voici le procédé : on place sur un feu doux un vase de métal étamé ou mieux émaillé; on met d'abord dans le fond du vase la couleur en poudre très fine ; ensuite avec la moitié d'un pain de cire blanche on tourne la couleur dans le fond du vase, comme si on achevait de la broyer : on jette de temps à autre, dans ce mélange liquéfié par la chaleur, une quantité de résine égale à celle de la cire, un peu plus, si l'on veut. Quand la couleur est également bien distribuée dans tout le mélange et qu'elle paraît couvrir suffisamment, on la coule dans des cannelures pour la mettre avec ordre dans une boîte à casiers, à l'abri de la poussière, jusqu'au moment de s'en servir. On peut fondre et couler ainsi, non seulement toutes les couleurs simples, mais aussi des tons composés d'avance, comme les lumières, les demi-teintes et les ombres des carnations, les bleus des ciels, les verts lumineux ou sombres des paysages, et tous les autres tons qu'on peut prévoir ou copier avant de peindre Rien ne s'oppose à ce que le peintre n'ait ainsi d'a-

vance plusieurs systèmes de tons dans plusieurs de ces
boîtes à compartiments.

4. — Les pinceaux.

Quand on voudra peindre, on fondra dans les godets
de la palette les cires dont nous venons de donner le
mode de fabrication. On applique rapidement sur le panneau, au moyen de pinceaux, les tons qu'on aura formés
et pris sur la palette ou dans les godets Toutes sortes de
pinceaux peuvent être employés à ce premier travail, depuis
les plus larges brosses plates de soie de porc jusqu'à la
martre la plus effilée.

Il faudra cependant éviter de les rebrousser dans les
cires trop chaudes ou de leur donner un mauvais pli en les
appuyant trop longtemps sur la palette trop chauffée.

5. — Les fers.

Le travail du pinceau peut donner un aspect vigoureux
à l'ébauche, si ce travail a été rapide et bien touché; mais
si l'on voulait le pousser plus loin avec le même outil, on
ajouterait des épaisseurs à des épaisseurs, sans arriver à lier
les tons agréablement.

Les fers qu'on met alors dans le feu nous permettent de continuer la peinture. Ils seront de différentes
grosseurs, suivant leur usage : ils devront avoir une
certaine longueur afin que la chaleur n'atteigne pas la
main de l'artiste. Les touches qui nous ont paru le plus
utiles sont celles que nous avons décrites et dessinées
(fig. 19), c'est-à-dire les pointes plus ou moins mousses, les
palettes ou spatules avec ou sans intailles, les râpes et les

cuillers longues. Chaque peintre pourra modifier ou faire modifier ces divers instruments à son propre usage; il lui serait même loisible d'en inventer de nouveaux qui seraient plus commodes pour lui.

Pour utiliser la même baguette de fer, on pourra faire une touche à chacune des deux extrémités. Cette partie de l'instrument sera légèrement coudée ou courbée, afin de permettre de suivre le travail plus aisément, sans que la main vienne masquer la portion que l'on traite, ce qui arriverait si l'instrument était droit dans toute sa longueur.

6. — De la palette froide.

Cette palette est une petite planche de bois ovale ou rectangulaire, pouvant tenir dans la main gauche; on y aura coulé et laissé refroidir, en forme de pastilles, toutes les couleurs et même tous les tons composés dont on fait usage habituellement.

On peint à l'encaustique sur toutes les surfaces : les bois des différentes espèces (Caylus recommande le sapin), la toile imprimée d'une couche à la colle, la pierre, le plâtre, l'ardoise, le carton, le papier même gardent parfaitement cette peinture. Il faut cependant s'assurer que ces surfaces ne sont pas imprégnées d'humidité. On peut peindre dès lors sans donner d'autre préparation à la surface que d'y appliquer avec un pinceau une couche de cire blanche, qu'on fera entrer dans les pores, jusqu'à sa complète disparition, en chauffant au moyen d'une de ces *poêles à brûler*, dont les peintres en bâtiment se servent pour enlever la vieille peinture à l'huile sur le bois. Il n'est même pas besoin de cette préparation. On pourra peindre directement et à cru sur le bois, sauf à retoucher et à bien couvrir les parties mal appliquées au pinceau, ou qui se seraient trop résorbées dans le subjectile sous l'action postérieure des fers chauds.

7. — Avantages de la peinture à l'encaustique.

Toutes les couleurs ne peuvent pas être employées à l'huile ; sont d'un emploi difficile, par exemple : le vert-de-gris, le carmin de cochenille, les laques en général, les noirs ; la cire, au contraire, s'allie à toutes ; la palette de l'encauste est donc beaucoup plus étendue que celle du peintre à l'huile.

La peinture à l'encaustique ne s'écaille pas ; elle ne peut s'altérer au soleil ou à la chaleur des appartements ; la cire garantit le subjectile de l'humidité et des vers. Elle attire très peu la poussière ; enfin, elle ne connaît pas l'influence du temps. Écoutons le témoignage de Prisse d'Avennes sur des monuments peints avec la cire et le naphte : « Quelques cartonnages exécutés sous la xviiie dynastie sont peints avec une suavité de tons, dont aucune peinture murale n'approche. J'ai vu un cercueil de femme moulé en toile cimentée de plâtre, en forme de gaine, dont le visage délicat, colorié d'un ton rosé, était encore, après trois mille ans, d'une fraîcheur charmante et dont toutes les couleurs, même celles des ajustements, étaient traitées par des teintes si harmonieuses, qu'elle étaient un vrai régal pour les yeux [1]. » Éméric David s'écrie : « Comment dire sans regrets que si Michel-Ange et Raphael eussent exécuté les peintures du Vatican à l'encaustique,

1. Prisse d'Avennes, *Histoire de l'art égyptien* ; Paris, 1879, p. 291.

ces chefs-d'œuvre conserveraient encore toute leur fraîcheur [1] ? »

Les couleurs sont sèches presque instantanément : quel secours pour l'inspiration toujours si prête à s'envoler ! On peut retoucher indéfiniment son ouvrage sans être obligé de gratter entièrement la peinture, précaution souvent inutile dans la peinture à l'huile, car le détail que l'on a cru effacer repousse souvent quelques années après : témoin ce casque qui réapparaît dans l'azur du fameux tableau d'Ingres, *l'Apothéose d'Homère*. La cire donne aux tons un reflet soyeux. Enfin, cette peinture a un relief qui la fait participer des beautés de la sculpture. Les sujets peints à la cire peuvent acquérir une intensité de vie merveilleuse. C'est sans doute ce relief qui la rendait si chère au mysticisme des premiers chrétiens, et c'est pour les visions auxquelles prêtaient ses chefs-d'œuvre qu'elle apparaissait à saint Jean Chrysostôme comme si pleine de piété.

1. *Histoire de la peinture au Moyen-Age*, p. 89 (note).

LA FRESQUE ET LA DÉTREMPE

La fresque·est une peinture à l'eau sur l'enduit frais d'un mur. L'enduit est composé de chaux et de sable fin; il recouvre la crépissure composée de chaux, de sable et de tuiles pilées. La crépissure doit être appliquée sur le mur sec.

La pratique de la fresque réclame beaucoup de temps et beaucoup de célérité. Le peintre ne doit faire couvrir de l'enduit frais que la partie du mur qu'il peut peindre chaque jour; aussi la plupart des morceaux d'une surface un peu grande ne sont-ils pas dans le même niveau et les jointures sont-elles plus ou moins visibles. Le peintre doit être sûr de son sujet et de ses tons; de là la nécessité des *cartons,* dont on décalque le dessin sur le mur soit à la pointe, soit au poncis; ce dernier moyen était celui des Italiens de la Renaissance. (A notre connaissance, les anciens n'ont appliqué le poncis que pour l'ornementation de leurs vases et de leurs marbres [1].)

On ne peut employer à fresque que les couleurs qui ne sont pas décomposées par la chaux et qui ne sont pas altérées par la lumière; on est privé dès lors des couleurs les plus brillantes. On pourrait cependant peindre avec des couleurs très nourries et les empâter de manière à laisser

---

1. *Mémoires de l'Institut des architectes britanniques,* 1er volume, 2e partie.

visibles les touches du pinceau : il suffirait de mêler aux couleurs une proportion quelconque de l'enduit.

La solidité de la fresque tient moins à la pénétration de la couleur dans l'enduit qu'à la formation d'une couche cristalline de carbonate de chaux sur la peinture; en effet, la couleur à fresque ne pénètre pas plus profondément dans le fond mouillé que les couleurs à l'eau sur un fond sec, et si la couche de cristaux est endommagée, ou si les couleurs sont appliquées quand la couche cristalline a déjà commencé, les couches sont très peu adhérentes au fond. De même si cette couche cristalline se forme entre les couches plus ou moins épaisses de couleurs, celles-ci s'effeuillent l'une après l'autre.

On désigne par détrempe un procédé de peinture au pinceau dans lequel des couleurs mélangées avec une substance qui sert à les lier, telle que l'œuf, le jus de figuier, le lait, la colle, la gomme, etc., sont appliquées sur un enduit de même nature, par exemple une préparation de craie ou de plâtre mélangée de colle; lorsque la matière liante est en trop grande quantité, les couleurs appliquées se sèchent au contact de l'air, la peinture se fendille, se brise et tombe; d'où la nécessité d'appliquer les couleurs en couches minces et de bien laisser sécher avant de retoucher.

La détrempe a été beaucoup pratiquée par les Égyptiens. Que le subjectile soit de bois ou de toile, leur première couche de couleur est toujours du blanc; les autres couches ont ainsi plus d'éclat.

Leurs peintures ne sont pas fendillées. L'Égypte produit des mimosas qui donnent de la gomme et la colle de gélatine y était connue; mais ses habitants, dit Mérimée [1], ont sans doute préféré une gomme souple, comme

---

1. *Notice sur les couleurs égyptiennes.* (Passalacqua, *Catalogue.*)

la gomme adragante ou quelques mucilages de même nature. M. Hector Leroux pense qu'ils employaient du miel[1]. Leurs couleurs s'appliquaient avec de petits calames en roseau qui, trempés dans l'eau, deviennent des pinceaux par la séparation de leurs fibres. Leurs gros pinceaux étaient sans doute faits avec des branches d'arak (le *salvadora persica*)[2].

Les musées renferment en assez grand nombre ces calames et des palettes généralement en bois, en albâtre ou en faïence émaillée.

Une des plus belles palettes qui aient été citées vient de Thèbes (n° 551 de l'ancienne collection Passalacqua); rectangulaire de forme, longue de dix-neuf pouces et demi, elle est en bois d'acanthe; elle présente sept places pour loger les couleurs (blanc, jaune, vert, bleu, rouge, brun foncé, noir), et sept calames destinés à y puiser[3]. On montre pourtant de ces objets qui présentent jusqu'à onze ou douze cavités.

Dans les tombes très anciennes de Dgizeh sont représentés des peintres dans l'exercice de la détrempe. La palette est attachée au bras par une ficelle et ils ont devant eux le petit vase d'eau pour nettoyer les pinceaux[4]. (Fig. 20.)

Les Égyptiens ont appliqué sur leurs peintures des vernis qui tantôt sont restés transparents et incolores, tantôt ont noirci et gâté les couleurs. Dans ce dernier cas, ils étaient résineux. A l'aide de ces vernis ils faisaient des glacis. On remarque dans le tombeau d'Aïchesi, sur le

1. Perrot et Chipiez, *Histoire de l'art*, t. I, p. 785.
2. Prisse d'Avennes, *l'Art égyptien*, p. 290.
3. Passalacqua, *Catalogue*.
4. Rosellini, *I monumenti dell' Egitto. Monumenti civili*, parte secunda, t. II, p. 175.

palanquin du roi, un glacis de bleu qui passe sur un fond jaune en ménageant les figures [1].

Nous paraît une détrempe ce portrait gréco-égyptien du musée de Florence, que Milliarini a cru peint à l'encaustique à cause de la suavité des couleurs, d'une certaine *grassezza* dans le noir, le rouge et le blanc, que la détrempe ne conserverait pas d'après lui [2] : grands yeux noirs, sourcils et cils très accentués, nez d'une correction

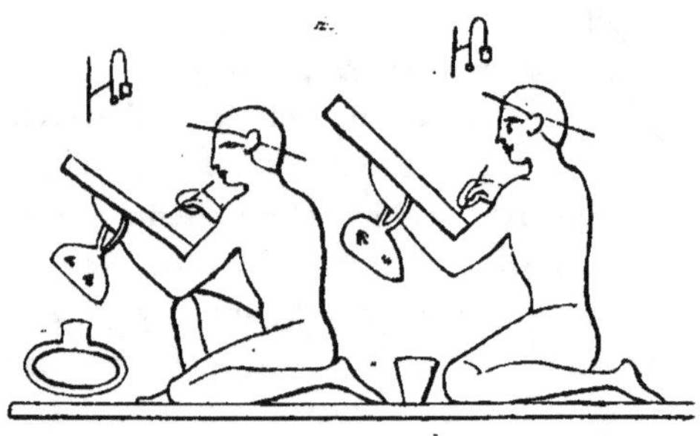

PEINTRES ÉGYPTIENS PEIGNANT A LA DÉTREMPE.
(Fig. 20.)

rare, front bien développé, bouche un peu petite, elle a une oreille cachée dans des cheveux épais et frisants, quatre fois enroulés. (Fig. 21.)

Au Louvre, sont également pour nous des détrempes ces trois autres portraits de la famille de Soter; cette négresse aux cheveux très frisés, à l'oreille fine, avec deux laticlaves, parée d'un collier d'or et de boucles d'oreilles à trois perles; ce nègre rare de barbe qui ouvre de si grands yeux;

1. Prisse d'Avennes, *l'Art égyptien*, p. 291.
2. Rosellini, *I monumenti dell' Egitto. Monumenti civili*, parte secunda, t. II, p. 206.

enfin cette femme blanche aux lèvres si fines et au cou si délié, qui se détache sur ce monde mélangé comme une reine de race, de beauté et d'intelligence. (Fig. 22.)

Les Grecs et les Romains utilisaient également en peinture la gomme et la colle. Décrivant la préparation du noir de fumée, Vitruve dit : « On en ramasse une partie, que l'on détrempe avec de la gomme pour en faire de l'encre à écrire; le reste, mêlé à de la colle, sert à peindre les murailles [1]. » Ils employaient particulièrement parmi les gommes : la sarcocolle, gomme-résine transparente et soluble dans l'eau, qui exsude d'un arbrisseau de l'Afrique septentrionale, « très utile aux peintres et aux médecins [2] ». Pline dit que « la meilleure colle se fait avec les oreilles et les *genitalibus* des taureaux; la colle de Rhodes est celle qui trompe le moins; aussi les peintres et les médecins l'emploient-ils [3] ».

L'œuf leur était familier.

Pline dit : « Ceux qui peignent en mettant sur une couche de sandyx (couleur de feu) du purpurissum (carmin violacé) avec de l'œuf, obtiennent l'éclat du minium (vermillon); s'ils veulent faire de la pourpre, ils mettent sur une couche de bleu du purpurissum avec de l'œuf [4]. » Il s'agit de glacis de purpurissum sur la sandyx et sur du

---

1. Inde collecta partim componitur ex gummi subacto ad usum atramenti librarii, reliqua tectores glutinum admiscentes in parietibus utuntur. (Liv. VII, ch. x). Cf. Pline, liv. XXXV, ch. vi, § 25.)

2. Pline, liv. III, ch. xi.

3. Glutinum præstantissimum fit ex auribus taurorum et genitalibus... rhodiacum fidelissimum; eoque pictores et medici utuntur. (Liv. XXVIII, ch. xvii, § 71.) Voir encore liv. XIII, ch. i.

4. Pingentes sandice sublita mox ovo inducentes purpurissum fulgorem minii faciunt. Si purpuram facere malunt, cæruleum sublinunt, mox *purpurissum* ex ovo inducunt. (Liv. XXXV, ch. vi, § 26.)

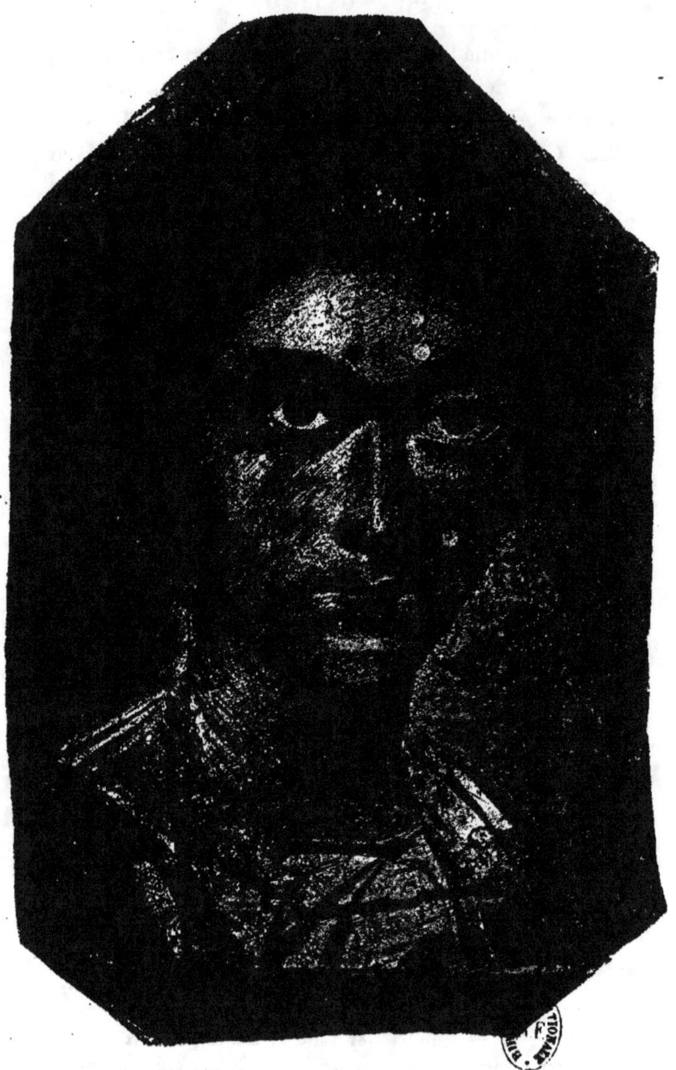

PEINTURE EN DÉTREMPE DU MUSÉE ARCHÉOLOGIQUE DE FLORENCE.

(Fig. 21.)

bleu; ces glacis sont parfaitement possibles en détrempe, contrairement à ce qu'on a prétendu [1]. Mais on ne comprend pas comment pour obtenir de la pourpre (carmin violacé) il est nécessaire de mettre du purpurissum (carmin violacé) sur du bleu; le bleu est inutile. Pour obtenir de la pourpre avec un fond de bleu il faut du minium. Le texte est évidemment altéré et doit se corriger ainsi : « S'ils veulent faire de la pourpre, ils mettent sur une couche de bleu du minium avec de l'œuf [2]. »

Comme nous, les anciens utilisaient le lait. La terre de Chios délayée dans le lait s'employait, selon Pline, pour reblanchir les murailles [3]. « A Élis, au dire du même auteur, est un temple de Minerve dans lequel Panaenus, frère de Phidias, couvrit l'enduit des murs avec du lait et du safran, dont encore aujourd'hui on sent l'odeur lorsqu'on le frotte avec le pouce mouillé de salive [4]. » D'après Vitruve, en employant d'une certaine manière le vaccinium (*vaccinium myrtillus* de Linné, notre myrtille), on fait avec le lait qu'on y mêle une belle couleur de pourpre [5].

Nous avons déjà vu apparaître dans l'encaustique [6] les pinceaux — *penicillos*. Dans les plus anciens temps, on employait surtout pour les faire la queue de bœuf. Témoin ce vers d'Afranius :

« Il peignit avec une queue de bœuf les jeux des Lares. »

Or [7] « caudam antiqui penem vocabant, ex quo est

1. *Revue archéologique*, 2ᵉ année, 1ʳᵉ partie, p. 368.
2. Cæruleum sublinunt, mox *minium* ex ovo inducunt.
3. Pline, liv. XXXV, ch. xvi, § 56.
4. Pline, liv. XXXVI, ch. xxiii, § 55.
5. Liv. VII, ch. xiv.
6. Voyez ci-dessus les pages 11 et suiv.
7. Cicéron, *Lettres familières*, liv. IX, ép. 22.

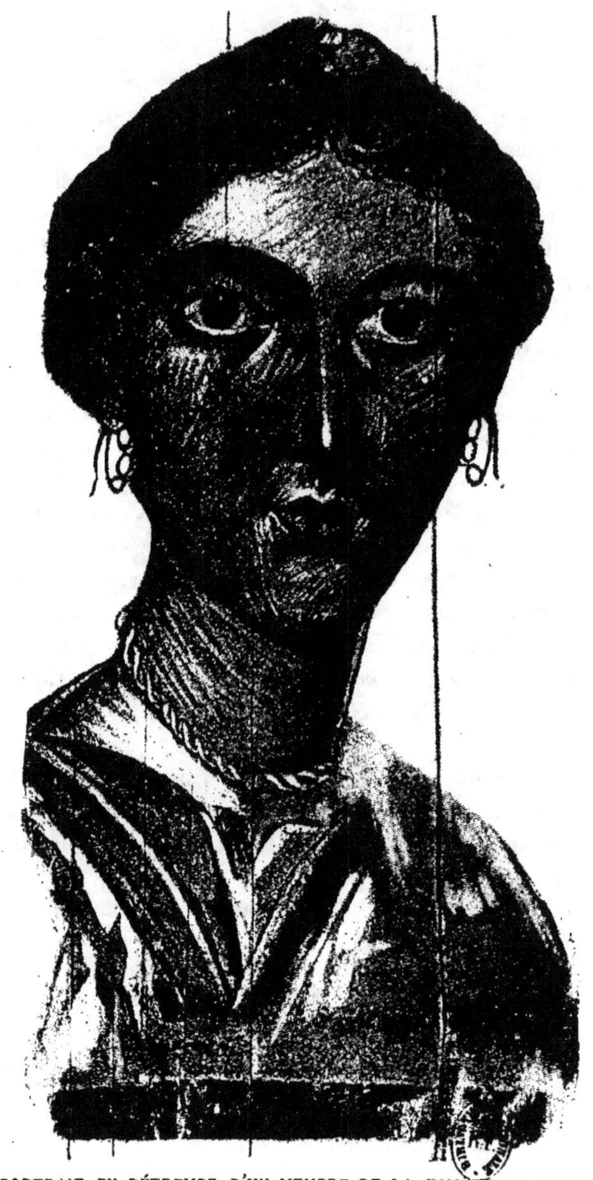

PORTRAIT EN DÉTREMPE D'UN MEMBRE DE LA FAMILLE DE SOTER.

(Musée du Louvre.) — (Fig. 22.)

propter similitudinem penicillus ». C'est là, d'après Cicéron, l'étymologie de « penicillus ». Les Grecs disaient : γραφίς[1]. Vitruve, dans le passage cité : « Ils appliquaient avec une soie de la cire punique liquéfiée au feu et mélangée d'un peu d'huile », entend des pinceaux de poils de porc.

L'éponge est le complément obligé du pinceau; quelquefois elle le remplace avantageusement; elle servait même à en fabriquer : « Il y a, dit Pline, une espèce d'éponge fine et serrée, d'où viennent les pinceaux[2]. » Pline la fait intervenir encore dans les deux anecdotes célèbres sur Protogène et Néalce, qui auraient obtenu l'effet voulu (bave de chien, écume de cheval) en jetant leur éponge contre le tableau[3]. Sextus Empiricus répète pour Apelles l'anecdote de Protogène[4], qui s'est rééditée dans ces derniers temps à propos du cheval du général Prim, de Regnault.

Les peintres peignaient sur toute espèce de fonds; ils employaient pour leurs tableaux en bois « le mélèze femelle, appelé par les Grecs *aegis*, qui s'est trouvé incorruptible et ne fend jamais[5] ».

M. Chevreul a analysé des stucs colorés provenant du temple de Jupiter à Agrigente et d'un des plus anciens temples de Sélinonte, et il a constaté des proportions considérables de matière organique.

Il n'en a trouvé que des traces accidentelles sur deux fragments de peinture murale d'origine romaine, trouvés

1. Pollux, *Onomasticum.*
2. Liv. IX, ch. xLv, § 69.
3. Liv. XXXV, ch. x, § 36.
4. *Hyp. Pyrrh.,* liv. I, ch. xii.
5. Liv. XVI, ch. xxxviii, § 73.

au Palais de Justice de Paris en 1848, et il crut que les matières colorées avaient été employées avec un lait de chaux sans l'intermédiaire d'une matière organique.

Il analysa de même deux fragments des peintures de Saint-Médard-des-Prés et ne trouva rien qui annonçât l'emploi d'une matière gommeuse, résineuse, huileuse, gélatineuse ou caséeuse. Ce n'était donc ni de l'encaustique ni de la détrempe : était-on en présence de fresques où le mortier lui-même était véhicule?

On crut que c'étaient des détrempes pour deux raisons : 1° les couleurs s'enlèvent par écailles très minces et ne font point corps avec l'enduit; 2° elles ont été superposées les unes sur les autres, ainsi qu'on le remarque en les frottant. Mais ce ne sont pas là des raisons, comme nous l'avons vu en résumant les caractères de la fresque.

M. Chevreul crut que ces peintures murales avaient été faites avec des matières colorantes et de la chaux hydratée, réduites en une matière suffisamment coulante au moyen de l'eau. Cette hypothèse est la vraie.

Les peintures de Pompei et d'Herculanum ont donné lieu également aux opinions les plus contradictoires :

Carcani pense que ce sont des détrempes et voici ses raisons [1] :

1° On y voit des traces de pinceau, ce que ne comporte pas la fresque; nous avons vu (p. 88) comment la fresque peut les comporter.

2° Il y a des effeuillements des couches superposées qui ne sont pas possibles dans la peinture à fresque, puisque la couleur fait corps avec l'enduit (nous avons rapporté comment les effeuillements sont possibles).

---

1. *Pitture antiche d'Ercolano*, t. I, p. 248.

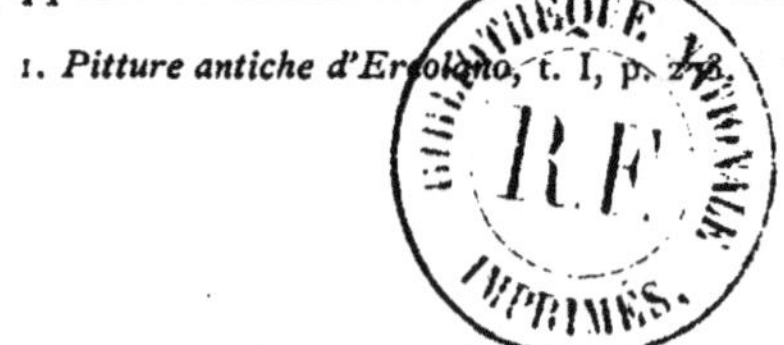

3° On y constate toutes les couleurs indistinctement, même celles qui sont exclues de la peinture à fresque; mais ceci ne prouve rien, car des couleurs de ce genre, comme le purpurissum, pouvaient fort bien venir embellir superficiellement la fresque peinte avec l'enduit lui-même.

Winckelmann adopta les idées de Carcani [1]; mais bientôt Raphaël Mengs déclara que ces peintures sont des fresques [2].

Requeno émit l'idée que le fond de peinture est à fresque, les ornements et les figures à l'encaustique [3]; mais cette hypothèse est compromise par les expériences de Chaptal et de Humphry Davy, qui constatent l'absence de cire dans les peintures [4].

Letronne ne croit pas à l'existence de fresques antiques [5].

Raoul Rochette, qui soutint des thèses si invraisemblables en faveur de l'absence de peintures sur mur aux belles époques de l'art, crut que les peintures de Pompei et d'Herculanum sont exécutées à la détrempe [6].

Mazois ne se décide pas, mais il est indubitable pour lui qu'il y a à Pompei des peintures à fresque [7].

Pour Hirt, les anciens ne peignaient pas sur l'enduit

---

1. *Lettre à Raphaël Mengs (Opere di Raffaele Mengs;* Rome, 1787, p. 418); — *Lettre à Bruhl* (éd. Fernow, t. II, p. 44); — *Histoire de l'art,* liv. IV, ch. VIII.

2. *Opere,* p. 395.

3. *Saggi sul ristabilimento dell' antica arte,* t. I, p. 331 et suiv.

4. *Annales de physique et de chimie,* t. LXX, p. 22. — *Philosophical transactions,* 1815.

5. *Lettres d'un antiquaire à un artiste,* p. 368 et suiv.

6. *Peintures antiques inédites,* p. 348.

7. *Ruines de Pompéi,* t. II, p. 64.

humide des muràilles *al fresco*, mais ils crépissaient l'enduit avec la couleur et peignaient les objets sur ce fond coloré avec des couleurs à la colle [1].

D'après K. O. Müller, à Herculanum, la couleur du fond est *al fresco*, les autres *a tempera* [2].

Wiegmann reprend l'opinion de Mengs et se fait avec une grande science le défenseur de la fresque [3].

Léon de Klenze reprend le système de Requeno et ne donne qu'une extension très limitée à la fresque dans l'antiquité ; il revient à l'encaustique [4].

Kugler donne la place d'honneur à la fresque dans les peintures de Pompei et une place secondaire à la tempera [5].

Pour Hittorff, les peintures sont exécutées : 1° à l'encaustique ; 2° au moyen de couches de chaux nouvellement appliquées et sur lesquelles on peignait de nouveau à frais ; 3° *a tempera* [6].

Overbeck regarde la question comme sujette à discussion ; il incline à penser comme K. O. Müller ; une ou deux grandes figures murales tout au plus appartiennent à la fresque ; les surfaces murales elles-mêmes sans exception étaient peintes à fresque et sur elles étaient appliquées

---

1. *Geschichte der bildenden Künste bei den Alten*; Berlin, 1833, p. 162 ; — *Mémoires de l'Académie de Berlin*, 1799-1803.

2. *Handbüch der Archælogie der Kunst*; Berlin, 1835, § 319.

3. *Die Malerei der Alten in ihrer Anwendung und Technik*; Hanovre, 1836, p. 32 et suiv.

4. *Aphoristische Bemerkungen auf einer Reise nach Griechenland*; Berlin, 1838. Cf. Clarac, *Manuel de l'histoire de l'art*, deuxième partie, p. 568.

5. *Handbuch der Kunstgeschichte*; Stuttgard, 1848, deuxième édition, p. 241.

6. *Restitution du temple d'Empédocle à Sélinonte*; Paris, 1851, p. 340, 561, 676 et suiv.

a tempera avec des liants différents la plupart des peintures [1].

Enfin, en 1868, M. Otto Donner reprend la question et
s'efforce de donner aux théories de Mengs et de Wiegmann
les dernières confirmations.

Nous avons déjà cité l'opinion de Geiger, trouvant des
matières organiques dans deux fragments de peintures de
Pompei [2]. M. Chevreul en constata aussi [3]. Ces résultats
sont remarquables et il n'y faut pas voir avec M. Donner un
accident. Davy ne trouva pas la moindre trace de matière
organique dans ses nombreuses analyses [4], et les travaux
postérieurs de John [5], de Wiegmann [6], d'un professeur de
Munich [7], sont venus confirmer les conclusions de Davy :
ceci ne prouve pas la fausseté des analyses de Geiger et
de Chevreul; nous avons vu qu'il n'y avait pas à Pompei
de peinture à l'encaustique; ce sont donc des fresques,
mais des fresques qui n'excluaient pas l'emploi complé-
mentaire de divers excipients organiques et dans lesquelles
on appliquait la couleur mélangée d'avance avec l'enduit.

L'examen attentif des peintures auquel s'est livré
Donner et les expériences auxquelles nous avons recouru
viennent établir ce point de vue.

Il n'y a point de joints au milieu des peintures; mais

1. *Pompei in seinen Gebaüden, Alterthümern und Kunstwerken;*
Leipzig, 1856, 1866 et 1884.

2. Voyez plus haut p. 50.

3. Hittorff, *Restitution du temple d'Empédocle à Sélinonte*, p. 512 et
suiv.

4. *Philosophical transactions of the royal Society of London
for 1815*, p. 97-124.

5. *Die Malerei der Alten nach Plinius, Vitruv, etc.;* Berlin, 1836.

6. *Die Malerei der Alten.*

7. *Das Buch der Fresco-Malerei;* Heilbronn, 1846.

la dernière couche de stuc offre souvent des traces de joints qui, verticaux entre les panneaux, horizontaux en haut et en bas, sont à biseaux convergents et divergents autour des tableaux à figures : cette dernière particularité prouve bien que non seulement le fond est à fresque, mais aussi les figures ; toutefois, peu de ces joints sont bien visibles, parce que la bordure du tableau les dissimule.

Quelquefois ces joints sont perpendiculaires autour des tableaux à figures ; dans ce cas les fresques ont été transportées, comme Vitruve et Pline nous disent que les peintures de Lacédémone ont été transportées pour honorer l'édilité de Varron et de Murena[1]. Dans la maison de Diadumène, n° 1648, il y a des fresques transportées et des fresques peintes sur place ; à Herculanum, on a trouvé des tableaux découpés (nos 1435, 1460, 1462).

L'étude des joints dans *le Jugement de Pâris* (n° 1286) de la maison du cithariste, nous fait toucher du doigt la fresque. Le panneau du milieu a été peint le premier, puis le panneau de droite, enfin le panneau de gauche ; le joint est en effet après la bordure à droite ; au contraire à gauche il est dans la bordure, ce qui prouve que le fond étant déjà sec, il a fallu l'enlever et le remplacer par un nouveau fond sur lequel l'artiste a continué.

On peut citer un grand nombre d'inégalités dans les niveaux des peintures ; par exemple, dans ce même *Jugement de Pâris*, un petit tableau, à droite, présente entre deux élévations une cavité ; ce qui ne s'explique que par un grattage naturellement plus complet au milieu ; nouvel indice de la fresque.

Au temple d'Isis et dans plusieurs autres endroits on

___

1. *De l'architecture*, liv. II, ch. viii. — *Histoire naturelle*, liv. XXXV, ch. xiv, xlix.

constate des tracés dus à une pointe entamant sur fond humide ; dans bien des cas, les creux ont été comblés par les couleurs : d'ailleurs ces pointes pénétraient moins que les nôtres à cause de leur finesse et de la consistance des fonds. Quelquefois les contours étaient tracés au pinceau. M. Donner n'a pas trouvé de dessins qui lui inspirassent la pensée d'un décalque ; de là beaucoup de fautes de proportions dont quelquefois les traces persistent après les corrections du peintre, comme dans *la Jeune fille allant au sacrifice* (n° 1805).

Ceci nous conduit à formuler la seconde caractéristique de la fresque antique : elle était essentiellement un procédé décoratif, exécuté avec une hardiesse quelquefois admirable, mais c'était toujours une technique rapide.

La troisième caractéristique est la préparation du fond de peinture.

Vitruve recommande d'appliquer sur trois couches de mortier au moins une première couche de stuc à gros grains, bien pétri et corroyé ; puis, sur cette couche encore humide, une seconde, dont le grain sera moins gros ; quand elle aura été bien pressée, bien battue, on en appliquera une troisième faite avec de la poudre très fine : « ces couches qui par le battage des *baculi* acquièrent la plus grande dureté et auxquelles la polissure donne la blancheur du marbre, en recevant la couleur en même temps que le poli, projettent l'éclat le plus brillant[1]. » Les *baculi* ont exercé la sagacité des érudits, M. Donner croit en avoir trouvé la tradition à Ischia dans un instrument de cette forme qui sert encore à des usages ana-

---

1. Ita cum tribus coriis arenæ et item marmoris soliditati parietes fuerint, neque rimas neque aliud vitium in se recipere poterunt : sed et baculorum subactionibus fundata soliditate marmorisque

logues[1]. (Fig. 23.) Pline dit de même : « A l'égard de l'enduit extérieur, il n'est pas suffisamment brillant à moins de trois couches de mortier de sable et de deux couches de mortier de marbre ; dans les lieux marécageux ou voisins de la mer on substituera au mortier de sable un mortier de tessons broyés[2]. »

Ces renseignements sont trop concis : Wiegmann les a

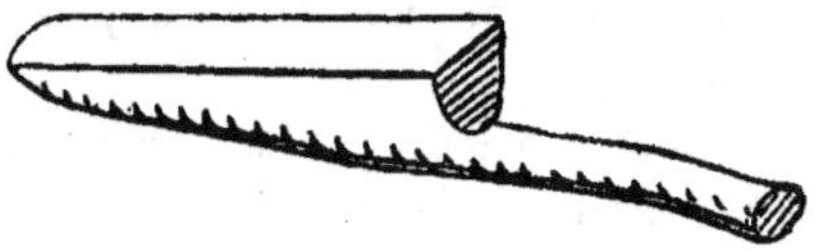

BACULUS RESTITUÉ DE VITRUVE, D'APRÈS M. DONNER.
(Fig. 23.)

complétés[3]. Voici les principaux résultats de ses expériences. Les couches de mortier, qu'on doit frotter avec une molette de bois afin d'enlever les cristaux qui peuvent s'être formés, doivent être appliquées sur fond toujours humide : on peut à volonté mettre deux, trois ou quatre couches ; si l'on met quatre couches de mortier, il suffit de donner à chacune 0^m,018 d'épaisseur ; si l'on en met une ou deux, il faudra pour chacune au moins 0^m,027. La dernière couche de mortier de sable ayant acquis le

candore firmo levigata, coloribus cum politionibus inductis, nitidos expriment splendores. (Liv. VII, ch. III.)

1. W. Helbig, *Wandgemælde der vom Vesuv verschütteten Städte Campaniens*, p. CXXIV.

2. Tectorium, nisi quod ter harenato et bis marmorato inductum est, nunquam satis splendoris habet ; uliginosa et ubi salsugo vitiat testaceo sublini utilius. (Liv. XXXV, ch. XXIII, § 55.)

3. *Die Malerei der Alten.*

degré convenable de solidité, on passe à l'application du mortier plus fin ou stuc composé de spath calcaire et de marbre blanc pilé un peu gros. On trouve dans les anciens enduits plus souvent le spath de chaux pur que le marbre pulvérisé, et, cependant, les Romains donnent à ce stuc le nom de *marmoratum;* mais cette contradiction s'explique par ce fait qu'ils confondaient[1] le spath de chaux et de marbre sous le même nom. De cet enduit, on pose deux ou trois couches de moins en moins épaisses et d'un grain de plus en plus fin : la première couche aura 0^m,008, la seconde et la troisième de 0^m,004 à 0^m,002. Aussitôt que la consistance de ces couches le permet, on les bat en tous sens, coup sur coup, ce qui diminue le volume des enduits au grand avantage de leur solidité; enfin, on aplanit la surface avec une pierre plate polie, en ayant soin d'arroser fréquemment.

Les pratiques exigées par Vitruve n'ont pas toujours été appliquées : souvent, on ne trouve que deux couches de marbre ou même une seule au lieu de trois; souvent, la couleur est portée sur une couche de sable fin, de morceaux de terre cuite et de chaux.

L'épaisseur du fond varie : en moyenne, elle est de 0^m,07, souvent de 0^m,08, très rarement de 0^m,04 et 0^m,05.

A Saint-Médard, c'est une couche de mortier de chaux et de gros sable, épaisse de 0^m,021, recouverte d'une seconde couche de mortier plus fin n'ayant que 0^m,004 et d'un stuc sur lequel l'artiste a travaillé.

---

1. Marmor non eodem genere omnibus regionibus procreatur, sed quibusdam locis glebæ ut salis micas perlucidas habentes nascuntur, quæ contusæ et molitæ præstant tectoriis et coronariis operibus utilitatem. (*De l'architecture,* liv. VII, ch. vi.)

En tout cas, l'épaisseur ancienne est toujours supérieure à l'épaisseur des fonds modernes : le stuc des piliers des *Loggie* n'a que 0^m,003 [1].

On conçoit qu'un tel fond conservât bien plus longtemps l'humidité; le peintre pouvait opérer pendant cinq ou six jours sans être forcé de s'interrompre. Sur des fonds plus épais et plus longtemps humides, on pouvait appliquer aussi des couches plus épaisses de couleurs, qui n'étaient au fond que des mortiers colorés [2].

En somme, les anciens pouvaient mettre à l'exécution de leurs fresques à la fois plus de célérité et plus de temps que nous.

1. Les peintres grecs du moyen âge, d'après le moine Denys, mélaient de la paille à la couche inférieure, à la supérieure de la filasse et du coton.

2. Ceci ressortira mieux encore des analyses chimiques qui nous montreront toujours le carbonate de chaux allié aux pigments qu'il ne pouvait troubler par sa coloration propre ou détériorer par son action chimique.

APPLICATIONS

1. Les textes.

De même que certains textes et monuments nous ont servi à comprendre les procédés, les procédés vont nous aider à interpréter d'autres textes et d'autres monuments.

Un des passages de Pline qui ont le plus exercé la sagacité des philologues est celui-ci (livre XXXV, ch. XXXVI, § 20) : « *Huic picturæ quater colorem induxit contra obsidia injuriæ et vetustatis.* » Il s'agit ici de l'Ialysus de Protogène : on n'a jamais compris la pratique à laquelle Pline veut faire allusion. Carlo Ruberto Dati, dans ses *Vite dei pittori antichi* (p. 260), n'hésite pas à dire[1] : « Pline semble comprendre que Protogène fit d'une certaine façon quatre fois cette peinture l'une sur l'autre, de manière que, l'une ayant disparu, l'autre vînt à se découvrir. Si tel est le sentiment de Pline, je me risque à dire que cela ne peut pas se faire. » M. Littré écrit : « D'après le dire d'artistes, Pline s'est mal exprimé; il ne peut s'agir d'une quadruple couche de couleur, mais il doit être question de quatre couches de vernis[2]. »

[1]. Pare che Plinio intenda che Protogene in un certo modo facesse quattro volte questa pittura l' una sopra l' altra, acciocche consumata l' una, l' altra venisse a scoprirsi. E se tale è il sentimento di Plinio, mi arrisico a dire che questo non si può fare.

[2]. Pline, collection Nisard, t. II, p. 497 (note 100).

Le texte de Pline devient clair, si l'on recourt à la cire qui était matière bien familière à Protogène, puisque ce grand peintre commença par peindre des vaisseaux à l'encaustique. Soit un tableau à la détrempe; appliquez au feu sur cette première peinture une mince couche de cire, sorte de vernis qui laisse transparaître le sujet, en lustrant les couleurs; vous pouvez sur cette cire repeindre une seconde fois en détrempe et appliquer une nouvelle couche de cire. Vous pouvez repeindre une troisième, une quatrième fois et plus si vous le voulez, en ayant soin d'appliquer la cire entre chaque couche de couleur. Nous ne prétendons pas que Protogène ait eu la patience de recommencer quatre fois son tableau; mais c'est ce que Pline veut dire : nous admettons seulement quatre reprises totales du sujet à des idéaux différents. Nous avons essayé avec un plein succès cette quadruple application des couleurs les unes sur les autres. Elle est en quelque sorte nécessaire dans la détrempe cirée. Mais revenons au texte. *Obsidia* est une mauvaise conjecture de Gronove; les manuscrits donnent *subsidia* qui signifie que chaque couche de couleurs est comme une troupe de réserve en cas d'accident ou d'usure. C'est évidemment *contra* qui est corrompu. F. Overbeck a lu *contrahens*, conjecture qui nous paraît excellente[1]. Nous traduisons : « Il appliqua à cette peinture quatre couches de couleur, accumulant des réserves en cas d'accident et d'usure, de manière qu'une couche disparaissant, une autre la remplaçât. »

Autre difficulté :

Nicetas dixit : Εἰ πινακὶ διαπύρῳ ζωγραφοῦνται, πάνυ τυραννοῦνται. (Sénèque, *Controverses*, xxxiv, 23.)

---

1. *Die antiken Schriftquellen zur Geschichte der bildenden Kunst;* Leipzig, 1868.

Ce texte, qui paraissait intraduisible à Letronne et à Raoul Rochette et qui, en effet, ne signifie rien, est un document sérieux pour la restitution de la peinture à l'encaustique avec les corrections apportées par Bursian (1857) et Kiessling (1872). Ἐν πυρὶ σιδήρῳ ζωγραφοῦντα ἡμῖν ἢ τυραννοῦντα; c'est-à-dire : « Est-ce un homme qui peint avec un fer dans le feu, ou un tyran ? »

Nous pouvons résoudre également les difficultés qu'a suscitées le mot ῥαϐδίον.

Dans Plutarque (*Opera moralia*, p. 568, A ; *De sera numinis vindicta*, c. XXI) on lit : Δεῦρο δὴ, εἶπεν οὗτος, ὅπως ἕκαστα μᾶλλον μνημοεύσης, καί τι ῥαϐδίον, ὥσπερ οἱ ζωγράφοι, διάπυρον, προσάγειν... « Viens ça, traduit Amiot, afin que tu aies plus ferme mémoire de ce que tu as vu, elle lui approcha une petite verge toute rouge de feu, comme celles dont usent les peintres... » Letronne s'est efforcé de voir dans ῥαϐδίον un pinceau[1]; mais ce mot ne signifie rien de plus que baguette : c'est évidemment une dénomination littéraire et vague du *cestrum*, de même que le mot *vericulum* (petite broche), désignait aussi bien une baguette en fer, que l'instrument des peintres et des métallurgistes.

Le mot ῥαϐδίον entre encore en composition dans ce passage d'Athénée[2] : « Parrhasius avait écrit sur un tableau : Ἀϐροδίαιτος ἀνὴρ ἀρετὴν τε σέϐων τάδ' ἔγραψε Παρράσιος. « Un homme vivant d'élégance et pratiquant la vertu, Parrhasius, a peint cela. » Un plaisant substitua à ἀϐροδίαιτος le mot ῥαϐδοδίαιτος. Perizonius prétend que ῥαϐδοδίαιτος signifie vivant de son pinceau. Schweighæuser

---

1. *Lettres d'un antiquaire à un artiste*, p. 385, 411.
2. Liv. XII, 543.

conjecture que le parodiste faisait allusion à la magnifique canne garnie de spirales d'or sur laquelle le peintre s'appuyait. Nous serions disposés à voir dans la substitution du mot « faisant profession de sa baguette » au mot « vivant d'élégance » une double intention ; probablement le plaisant a voulu dire : Parrhasius dont tout le mérite consiste à manier la baguette; mais laquelle ? Sa belle canne ou son cestrum ?

2. — Les monuments.

Plusieurs peintures antiques nous montrent des peintres dans l'exercice de leur art. D'abord [1], c'est une femme peintre ou une personnification de la peinture s'apprêtant à donner la dernière main à un portrait, peut-être à inscrire sur le tableau une dédicace à Bacchus. Le petit esclave va élever le tableau, et derrière le peintre on aperçoit deux femmes, probablement celles qui consacrent le portrait. La palette est dans la main gauche. Est-ce un pinceau ou un cestrum que tient la main droite ? C'est sans doute un cestrum, puisque Requeno a cru reconnaître cet instrument sur l'original ; les gravures ne pourraient nous instruire. L'instrument est plongé dans la boîte même, comme si la palette était épuisée ou insuffisamment chargée. La boîte porte sur un cylindre. Nous ne trouvons là aucun indice de feu, à moins de supposer trop gratuitement le cylindre chauffé. L'interprétation la plus plausible du sujet est donc d'y voir une peinture à la cire liquefiée par des huiles essentielles. La provision de couleurs se trouverait dans la boîte, et la petite palette de la main gauche servirait à les mélanger.

1. *I contorni delle Pitture antiche d'Ercolano*, t. VII, pl. I.

Dans une peinture du Panthéon à Pompei, c'est encore une femme ailée avec une couronne de feuilles dans les cheveux et des anneaux aux pieds et aux mains. (Fig. 24.) Elle tient d'une main une palette chargée de couleurs et quatre pinceaux : de l'autre, une sorte de chandelier à trois pieds, terminé en haut par un petit réchaud, et traversé dans toute sa hauteur par un petit conduit, sans doute destiné au tirage. Derrière cette femme en apparaît une autre qui dépose sur le réchaud une boule, sans doute une boule de cire colorée. C'est bien ici une personnification de l'encaustique, mais esquissée très légèrement[1].

Une peinture, dont un calque nous a été conservé par Mazois[2], nous montre une scène d'atelier. C'est une sorte de charge qui nous représente en pygmées le peintre, les instruments, son modèle, son élève, son broyeur et deux amateurs. (Fig. 25.) Le peintre est-il un encauste? Il n'y a pas de fourneau auprès de lui. Les objets qui se trouvent sous la table à broyer les couleurs sont-ils des charbons, comme on l'a voulu? L'asphyxie et l'incendie seraient bien à craindre pour le pauvre broyeur. La proverbiale gueuserie du peintre serait-elle exprimée par l'absence même d'un fourneau à contenir les charbons? Ou cette apparence de dénuement vient-elle de cette sobriété dans le détail dont l'art de l'antiquité semble s'être fait une loi dans ses œuvres les plus intimes? Tout porte à croire que l'artiste peint en détrempe : le vase qui sert à laver le pinceau est à côté d'une palette à pieds et à godets, et si l'on admet la réalité des charbons, le broyeur préparerait l'enduit de cire, qui doit être appliqué sur le portrait à la fin de la séance.

1. Jahn, *Ornements de Pompei.*
2. *Ruines de Pompei*, t. II.

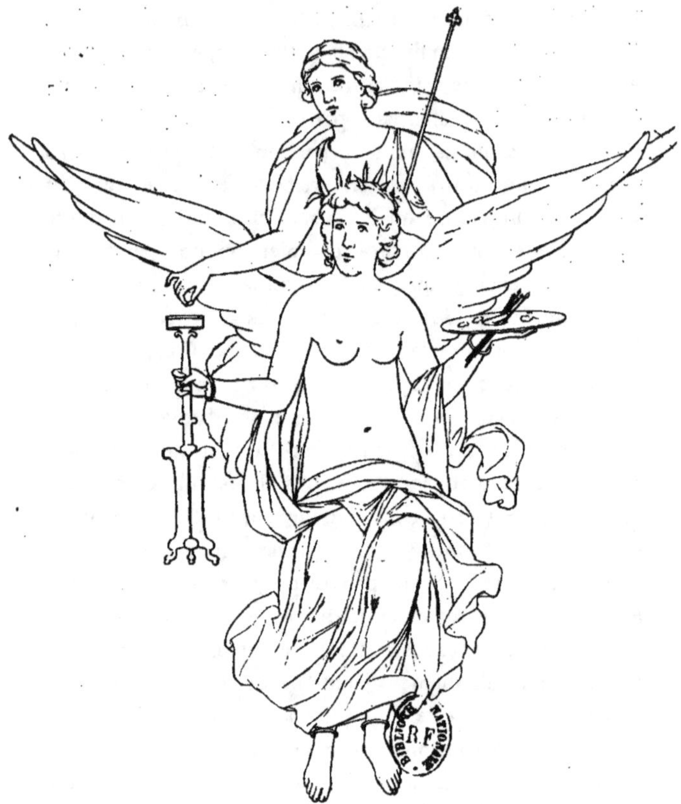

PERSONNIFICATION DE L'ENCAUSTIQUE.

(Fig. 24.)

On a souvent reproduit une miniature exécutée au
ve siècle sur un manuscrit de la bibliothèque de Vienne,
représentant Dioscoride écrivant ses ouvrages [1], pendant
qu'un peintre copie pour lui la fameuse racine de man-
dragore. Ce document n'est pas susceptible de commentaire. Il y a là probablement une représentation
abstraite de la peinture, une image où l'encaustique et la
détrempe, toutes deux légèrement indiquées, ne sont ni
l'une ni l'autre exclusivement définies.

1. Visconti, *Iconographie grecque*, pl. XXXVI, t. I, p. 3o4. Cf.
Labarte, *Histoire des arts industriels*, 1864, t. I, p. 3r et suiv.;
t. III, p. 20 et suiv.

LES COULEURS

On peut considérer les couleurs sous trois points de vue : le point de vue physique, le point de vue physiologique, le point de vue technique.

Dans l'échelle chromatique des Anciens, le blanc et le noir occupaient les extrémités : les autres couleurs n'étaient que des nuances intermédiaires résultant du mélange des deux premières. Voici la classification proposée par le docteur Geoffroy[1], d'après Platon[2], Aristote[3] et Pline[4] :

Ἐρυθρός.	Ὠχρός.	Κυάνεος.
Φοινίκεος.	Χλωρός.	Φαιός.
Πορφύρεος.	Ποώδης.	Μέλας.
Οἰνωπός.	Πράσινος.	
Ἁλουργός.	Γλαυχός.	
Πυῤῥός.		

1. *De la connaissance et de la dénomination des couleurs dans l'antiquité*; Paris, 1882. (Extrait des *Mémoires de la Société d'anthropologie*, t. II, 2ᵉ série.)

2. *Timée.*

3. *De la Sensation. — Des Couleurs.*

4. Pline, liv. XXI, ch. VIII, § 22; XXXV, ch. V et suiv.; XXXVII, ch. IX, § 40.

C'est-à-dire :

Rouge en général.	Jaune pâle.	Bleu.
Rouge écarlate.	Vert en général.	Brun.
Pourpre.	Vert herbacé.	Noir foncé.
Vineux.	Vert poireau.	
Violet.	Vert pâle et gris	
De feu (roux).	bleu.	

Les différents termes sur chaque ligne et sur chaque colonne représentent des tons de plus en plus foncés, autrement dit renferment des proportions croissantes de noir.

Ce tableau explique bien comment, même à l'époque de Pline, le violet, par exemple, était encore considéré comme une des nuances du rouge, comment le mot κυάνεος a été pris si souvent pour μέλας, comment πορφύρεος a été employé pour désigner le rouge et le violet, comment ὠχρός signifie à la fois jaune et pâle, χλωρός pâle et vert, γλαυκός vert pâle et gris bleu, etc.

D'après M. Gladstone [1] et M. Hugo Magnus [2], il y aurait eu évolution du sens de la couleur depuis l'antiquité ; ce sens aurait été incomplètement développé à l'époque d'Homère, et les contemporains du poète auraient été incapables de distinguer les couleurs d'une intensité de lumière moyenne ou inférieure, telles que le vert, le bleu, le violet.

Il est bien certain que, dans l'antiquité la plus reculée,

---

1. *Sur le sens de la couleur.* Cf. *Revue politique et littéraire* du 6 août 1878.

2. *Histoire de l'évolution du sens des couleurs,* trad. J. Soury ; Reinwald, 1878.

on n'appliquait pas aux données fournies par les sens la
puissance analytique dont nous sommes capables : cette
infériorité se rencontre à l'origine de tous les peuples. Le
langage a naturellement reproduit le vague des sensations ;
mais c'est là le résultat d'une infériorité intellectuelle et
non d'une infériorité physiologique. D'ailleurs, en admettant même qu'Homère et ses contemporains n'eussent
perçu que le rouge et le jaune — ce qui n'est pas prouvé —
il faut admettre que Platon, Aristote et Théophraste ont
connu toutes les couleurs que nous percevons aujourd'hui :
et alors, on doit supposer que l'œil est parvenu en moins
de six cents ans à acquérir les sensations du vert, du bleu,
du violet. Pourquoi ce développement rapide s'est-il
subitement arrêté? En somme, cette thèse est insoutenable ;
nous pensons, nous aussi, que « la théorie de l'évolution
ne peut être invoquée pour des époques aussi rappro-
chées de nous »[1]; et nous abordons immédiatement le
point de vue technique.

On rencontre en beaucoup de tombeaux égyptiens des
pains de couleurs avec des coquilles contenant de l'or à
peindre et de petits mortiers en faïence avec leurs molettes
pour broyer.

Fabroni, le premier, dans son mémoire sur l'encaustique, a étudié les couleurs égyptiennes et crut prouver
que les blancs n'étaient jamais un oxyde métallique, contrairement à l'opinion de Caylus[2]. Ceci n'était vrai que
pour son habit de momie.

Mérimée, Girardin, Rosellini, Haaxmann sont les

---

1. Dr J. Geoffroy, *De la connaissance et de la dénomination des
couleurs dans l'antiquité*; Paris, 1882.
2. *Recueil d'antiquités*, t. V, p. 25.

principales autorités que nous allons suivre et contrôler chaque fois qu'il sera possible.

Les jaunes sont ou de l'ocre jaune clair ou de l'orpin (sulfure d'arsenic) ou une matière végétale.

Les rouges sont ou de l'ocre rouge provenant de la calcination de l'ocre jaune, ou du cinabre connu dans l'Inde dès la plus haute antiquité.

Les bleus sont de trois espèces.

C'est d'abord ce bleu verdâtre connu sous le nom de bleu égyptien dont Théophraste attribue la découverte à un roi d'Égypte [1]. Vitruve rapporte que Vestorius en fit connaître la composition à son retour en Italie et qu'on prépare ce bleu à Pouzzoles en triturant ensemble du sable, de la limaille de cuivre et de la fleur de nitre. On en formait des boules que l'on faisait sécher et cuire [2].

Voici, d'après Vauquelin, la composition approximative du bleu égyptien :

Silice.	70 grammes.
Chaux	9 —
Oxyde de cuivre.	15 —
Oxyde de fer	1 —
Soude mêlée de potasse. . . .	4 —
Total.	99 grammes.

Il ajoute qu'une couleur bleue absolument pareille s'est formée dans la sole d'un fourneau, où l'on avait fondu du

---

1. Καὶ οἱ γράφοντες τὰ περὶ τοὺς Βασιλεῖς καὶ τοῦτο γράφουσι τίς πρῶτος Βασιλεὺς ἐποίησε χυτὸν κύανον, μιμησάμενος τὸν αὐτοφυῆ. (*Traité des pierres*, liv. VIII, ch. LV; édit. Wimmer, Didot, 1866.)

2. Liv. VII, ch. XI.

cuivre à la manufacture de Romilly; même nuance de bleu, même composition chimique [1].

Davy [2] prétend avoir fabriqué un bleu semblable à celui d'Égypte en chauffant fortement pendant deux heures quinze parties de carbonate de soude, vingt parties de cailloux siliceux pulvérisés et trois parties de limaille de cuivre; mais ces proportions donnent un verre bleu fondant à une température beaucoup plus basse que le point de fusion du bleu égyptien. Plus récemment Darcet et M. de Fontenay ont également fabriqué ce bleu.

Les Égyptiens connaissaient, en outre, l'indigo et l'employaient en teinture, témoin la toile de lin, cataloguée sous le n° 1534 de la collection Passalacqua. Enfin ils avaient un bleu azur préparé au moyen d'un oxyde de cuivre.

Tous les verts sont de couleur olivâtre; le cuivre en est le principe colorant.

Les blancs sont : 1° du plâtre sans doute parfois éventé et délayé avec une matière collante; 2° un blanc de craie, le paretonium, couleur qui selon Vitruve [3] et selon Pline [4] tire son nom du lac d'Égypte où elle se trouve, de Paretonium qui est devenue Baretoun d'Aly-ghaony, aujourd'hui Berek-Marsah; tous les artistes ont admiré la fixité et la pureté de ce blanc; 3° le blanc annulaire qu'on obtenait, dit Pline, en broyant des anneaux de verre blanc ou des bracelets d'émail blanc [5]; 4° enfin, d'après Haaxmann, les Égyptiens auraient eu la céruse.

Les noirs sont, d'après Mérimée, des noirs de charbon

1. Passalacqua, *Catalogue*.
2. *Annales de chimie*, t. XCXVI, p. 206.
3. Liv. VII, ch. VII.
4. Liv. XXXV, ch. VI, § 18.
5. Liv. XXXV, ch. VI, § 30.

ou, d'après Rosellini, de l'oxyde de fer et du manganèse [1] ou du sulfure de plomb, d'après Haaxmann.

Le Musée archéologique de Florence possède quelques échantillons de couleurs rapportées d'Égypte par Rosellini; ce sont :

1º Des myrrhes colorées que nous avons pu facilement découvrir par l'odeur;

2º Deux jaunes clairs (ocre jaune), un jaune plus foncé semblable à de l'ocre de ru, un jaune, mêlé de parcelles blanches, mélangé à l'encens ou à une résine analogue;

3º Deux rouges (ocres rouges) ;

4º Deux bruns rougeâtres violacés, dont l'un moins foncé;

5º Un noir.

Nous avons pu les étudier grâce à la courtoisie de M. Ernest Schiaparelli et nous avons pu vérifier l'exactitude des assertions de Rosellini; les bruns et les noirs résistent au feu et donnent aux pâtes de verre les colorations ordinaires du manganèse et du fer.

Prisse d'Avennes a recueilli un certain nombre de couleurs minérales : 1º dans l'hypogée de Thothotep (Berchet), xiiᵉ dynastie; 2º dans les débris du temple d'Hathor à El-Assacif, xviiiᵉ dynastie; 3º sur les parois d'une porte de Medineh-Thabou (Ramsès III), xixᵉ dynastie; 4º à Philæ (époque ptolémaïque) [2]. Presque tous les musées en possèdent quelques échantillons.

Les Grecs ont pratiqué d'abord la peinture monochrome: « Les anciens, dit Pline, peignaient avec le cinabre

---

1. Rosellini, *I monumenti dell' Egitto*. Parte secunda, t. II, p. 198.
2. *L'Art égyptien*, p. 292.

des tableaux qu'on appelle encore *monochromata*[1]... Zeuxis en fit avec de la couleur blanche[2]. » Pendant longtemps ils ne se servaient que de quatre couleurs : la terre de Mélos pour le blanc, le sil (ocre attique) pour le jaune, la sinopis pontique pour le rouge et pour le noir le seul atramentum. C'est avec ces éléments qu'au dire de Pline, Apelle, Aetion, Mélanthius et Nicomaque exécutèrent leurs chefs-d'œuvre[3]; mais ceci est douteux : il faudrait au moins ajouter le bleu. Pline lui-même décrit un tableau de Vénus par Apelle, où la mer était bleue. Vitruve, dans un passage déjà cité, rapporte l'application de la cire bleue aux plus anciens temples sur les surfaces des triglyphes[4], et cette couleur s'est trouvée sur toutes les peintures des hypogées étrusques.

Bien qu'on n'ait pas encore analysé les peintures des tombeaux étrusques découverts à Nola, à Pœstum, à Ruvo, etc., on a vu dans la couleur rouge des chairs ou des nus une espèce de craie rouge; dans les rares endroits où le jaune est employé pur on a reconnu une ocre brillante; le bleu, bleu de cuivre naturel pulvérisé, était employé mélangé avec une substance terreuse; réuni au jaune, il produisait un vert agréable; on ne trouve pas de vert de cuivre; le noir est de la suie de bois. En général, on reconnaît les matières colorantes qu'on trouve en abondance dans le pays.

Vitruve distingue les couleurs naturelles et les couleurs artificielles; « les unes se forment d'elles-mêmes dans certains lieux dont on les tire, les autres sont un composé

1. Liv. XXXIII, ch. vii, § 39.
2. Liv. XXXV, ch. ix, § 36.
3. Liv. XXXV, ch. vii, § 32.
4. Voy. ci-dessus, p. 48.

de diverses matières dont la préparation ou le mélange ou la combinaison produisent dans les ouvrages le même effet que les autres [1]. »

Dans les couleurs naturelles il range : 1º *l'ocre jaune*, que les Latins appellent *sil ;* on la trouve en Italie ; mais la meilleure, celle de l'Attique, manquait de son temps ; pour l'imiter les teinturiers jetaient sur de la craie érétrienne une infusion de violettes sèches, ce que nous ne comprenons guère ; 2º la *rubrique*, qui ne se trouve guère qu'à Sinope, dans le royaume du Pont, en Égypte, aux îles Baléares, en Espagne, dans l'île de Lemnos ; c'est notre sanguine ; 3º la *couleur parétonienne*, qu'il nomme sans aucune description, mais que Pline veut bien nous désigner comme un fantastique mélange de limon et d'écume de mer solidifiée : c'est la plus grasse des couleurs blanches ; 4º la *méline*, qui tire son nom de l'île de Mélos ; d'après Dioscoride c'est une terre alumineuse ; 5º la *terre verte* (oxyde de cuivre ou d'argent avec des parties terreuses), dont la meilleure vient de Smyrne ; 6º l'*orpiment*, appelé par les Grecs ἀρσένιϰον, notre sulfure d'arsenic ; 7º la *sandaraque*, c'est notre minium qui est un oxyde de plomb calciné ; 8º le *minium*, qu'on trouve près d'Éphèse et qui est notre *cinabre* ou sulfure de mercure ; 9º la *chrysocolle*, sans doute un silicate de cuivre, considérée à tort comme notre borax, qu'on remplace parfois, dit Vitruve, en teignant l'azur avec le suc d'une plante (notre gaude) ; 10º l'*armenium* et l'*indicum ;* ce dernier est sans doute notre indigo.

Les couleurs artificielles sont : 1º le *noir de fumée* (atramentum) ; 2º le *bleu d'azur égyptien* (cæruleum) ;

____

1. Liv. VII, ch. vi.

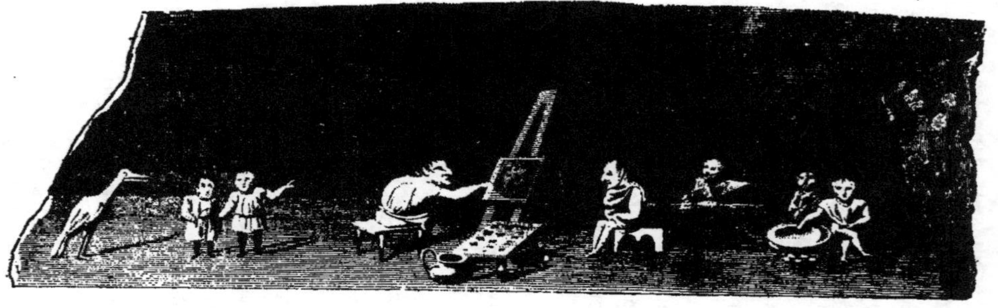

CARICATURE D'UN PEINTRE EN SON ATELIER, D'APRÈS LE CALQUE DE MAZOIS.

(Fig. 25.)

3º l'*ocre brûlée ;* 4º la *céruse* (carbonate basique de plomb);
5º le *vert-de-gris* appelé æruca ; 6º le *minium* (sandaraca),
provenant de la céruse brûlée ; 7º la *pourpre*, qui se tire
d'un coquillage, couleur très précieuse que l'on appelle
pour cette raison *ostrum*, ou que l'on tire encore des
racines de la garance et de l'hysginum, une plante que
nous ne savons définir. On fait encore une belle couleur
pourpre en répandant sur de la craie érétrienne une infusion de vaccinium.

Pline distingue les couleurs en couleurs florides ou
éclatantes et couleurs austères ou moins brillantes. Parmi
les unes et les autres il en est de naturelles, d'autres
artificielles.

Après les pages précédentes un résumé complet de Pline
ne serait pas fort intéressant. Passons aux analyses modernes.

Chaptal, en 1809, a étudié sept échantillons de couleurs
trouvés dans de petits pots d'une boutique de Pompei. Il a
trouvé :

1º Une argile analogue à la terre verte de Vérone ;

2º Une ocre jaune très pure et très fine ;

3º Une ocre brun-rouge ;

4º Un blanc, espèce de pierre ponce légère, fort blanche,
et d'un tissu fin et serré ;

5º Une fritte de verre bleu foncé, sans doute contenant des oxydes de cuivre, de chaux et d'alumine ;

6º Une fritte un peu plus claire, analogue à la précé-
dente ;

7º Une belle couleur rose dans laquelle il a cru reconnaître de la laque de garance [1].

Les analyses de Humphry Davy ont porté sur de petits

1. *Annales de chimie*, t. LXX, p. 22.

vases des thermes de Titus et sur des couleurs ou enduits enlevés aux peintures de la pyramide de Cestius, aux Noces Aldobrandines et à des peintures pompéiennes[1].

Pour le blanc, il trouva plusieurs espèces de craies et de terres; pour le jaune, des ocres jaunes qui, par le chauffage, ont été transformées en des ocres plus ou moins rouges; plus rarement il trouva pour des rouges le minium et le cinabre, pour des jaunes, le massicot.

Le bleu était une fritte de verre composée de soude et d'oxyde de cuivre qui, par le mélange d'un peu de chaux ou d'un autre blanc, apparaissait plus ou moins clair. Il trouva encore des bleus plus transparents provenant de l'oxyde de cobalt.

Une jolie couleur rouge provenant d'un pot des thermes de Titus n'est, d'après lui, ni la garance, ni la cochenille; elle ressemble cependant plus à la seconde qu'à la première; c'était sans doute du purpurissum, modifié suivant une pratique dont nous parlerons et avec lequel on teignait de la craie.

En 1826, Geiger, sur des enduits et des stucs peints provenant d'Italie, trouva :

1° Pour des rouges, du cinabre mélangé avec de l'oxyde de fer et un peu de carbonate de chaux;

2° Pour le brun rouge, de l'oxyde de fer mélangé avec de la chaux;

3° Pour le violet, de l'oxyde de fer mêlé à du carbonate de chaux;

4° Pour un jaune pâle brunâtre, de l'oxyde noir de fer mélangé avec de la silice, un peu de sulfate de magnésie et d'alumine;

1. *Philosophical Transactions*, 1815, p. 97.

5º Pour un jaune, de l'oxyde de fer [1].

John, dix ans après [2], examina des couleurs d'une tête en terre cuite provenant de Pompei, et conclut :

1º Le blanc qui couvrait toute la surface pouvait être une espèce de terre de porcelaine, ou kaolin;

2º Le bleu d'azur était un bleu de cuivre artificiel obtenu en fondant du cuivre avec de la silice et un alcalin;

3º Le rouge vif avait toutes les qualités du cinabre.

Un professeur de l'Université de Munich, dans son *Livre de la peinture à fresque,* confirma les résultats de Davy.

M. Chevreul [3] trouva dans l'enduit rouge des stucs du temple de Jupiter Olympien, à Agrigente, du peroxyde de fer, et, dans un stuc blanc un peu jaunâtre, de la même origine, un résidu de sable fin mêlé de flocons de silice et d'alumine ferrugineuse.

Un enduit rouge de Pompei lui présenta de l'oxyde de fer organique; un enduit noir, du noir de fumée; un enduit jaune, de l'ocre jaune; un enduit blanc, de la chaux grasse mêlée de marbre; sur cet enduit, il y avait une zone rouge qu'il trouva peinte au sulfure de mercure, une zone verte peinte avec de la terre de Vérone.

Dans un enduit rouge trouvé en 1848 au Palais de Justice de Paris, il trouva du peroxyde de fer sans cuivre ni magnésie; dans un enduit jaune, de l'hydrate de peroxyde de fer; dans une couleur verte, de la terre de Vérone.

1. *Chemische Untersuchung alt-ægyptischer und alt rœmischer Farben;* Karlsruhe, 1826.

2. *Die Malerei der Alten nach Plinius, Vitruvius, etc.* Berlin, 1836.

3. Hittorff, *Restitution du temple d'Empédocle à Sélinonte,* p. 569 et suiv.

Les couleurs renfermées dans la boîte et dans les vases du tombeau de Saint-Médard-des-Prés lui ont présenté :

1º Quatre matières formées de carbonate basique de cuivre, de carbonate basique de plomb et de peroxyde de fer avec proportion plus grande dans un cas de peroxyde de fer, et dans un autre addition de sable formé de silice, d'alumine et d'oxyde de fer ;

2º Une matière contenant des oxydes de plomb et de cuivre, probablement sous-carbonatés, une quantité notable de peroxyde de fer avec traces de matière organique et quantité notable de phosphate d'alumine, enfin un mélange de sous-carbonate de chaux et un peu de sable alumino-ferrugineux ;

3º Une matière introduite dans une fiole à l'état pâteux, contenant probablement à l'état sous-carbonaté des oxydes de plomb et de cuivre, de l'oxyde de fer et de l'oxyde de zinc ;

4º Une matière consistant en corps solubles dans l'eau, (sulfate de chaux, chlorure de sodium, matière organique), en une terre verte, sans doute de la terre verte de Vérone ; enfin, en une matière sableuse, contenant du quartz, du sulfure d'arsenic et de la fritte bleue égyptienne.

L'analyse des couleurs employées dans la peinture murale du XIIIᵉ siècle trouvée à la Sainte-Chapelle conduisit MM. Dumas et Persoz aux résultats suivants :

1º Les blancs ont été probablement obtenus avec une préparation de plomb analogue à la céruse ou même identique avec elle ;

2º Les bleus des draperies ont été obtenus avec du phosphate de fer, probablement natif ; les autres parties bleues ont été peintes à l'outremer ;

3º Le rouge vif, à l'aide duquel a été peinte l'auréole qui entoure la tête de l'ange, consiste en vermillon;

4º Tous les bruns et les jaunes ont été peints avec des ocres;

5º Les verts résultent du mélange de ces mêmes ocres avec le phosphate de fer;

6º Les matières roses et violettes ont été probablement obtenues au moyen de coquillages et par une simple préparation mécanique [1].

Il résulte des analyses de MM. J. Persoz et Ed. Collomb que le bleu et le rouge employés par les Arabes dans les peintures de l'Alhambra à Grenade étaient du bleu d'outremer et du vermillon [2].

Après Bernard de Jussieu (1709), Réaumur (1711), Duhamel (1736), Don Juan Pablo Canals y Marti (1779), Amati (1784), Capelli, Don Michael Rosa (1786), Bartholomeo Bizio (1835), Sacc (1854), M. Lacaze-Duthiers reprit en 1859 la question de la production de la couleur pourpre chez les Mollusques, les *Purpura* des modernes ou les *Buccins* de Pline, les *Pourpres* de Pline ou les *Murex* des modernes; ce savant naturaliste a vivement éclairé aux lumières de l'expérience le problème de la couleur réelle de la pourpre chez les anciens. Nous devons résumer cet important mémoire [3]. Quand on enlève du lieu où elle se trouve chez l'animal la matière qui doit devenir pourpre, elle est blanche ou légèrement jaune, parfois un peu grisâtre :

1. *Comptes rendus des séances de l'Académie des Sciences,* t. XXXIII, p. 511 et suiv.

2. *Comptes rendus des séances de l'Académie des Sciences,* t. XXXIV, p. 544 et suiv.

3. *Annales des sciences naturelles,* 4ᵉ série, *Zoologie,* t. XII, p. 5-84.

soumise à l'action des rayons solaires, elle devient d'abord jaune citron, puis jaune verdâtre ; ensuite elle passe au vert, enfin elle vire au violet qui se fonce de plus en plus, à mesure que l'action se prolonge davantage. En variant la quantité de matière et la durée de l'exposition au soleil, on peut arriver à faire des dessins d'une grande vigueur de ton et de teintes dégradées les plus douces. Cette matière est donc une *matière photogénique.* M. Lacaze-Duthiers fit avec elle des essais photographiques qui ont parfaitement réussi. Que se passe-t-il pendant l'action du soleil et dans le changement de couleur ? En même temps que la teinte violette apparaît, une pénétrante odeur d'essence d'ail se dégage. La matière non influencée par la lumière est soluble dans l'eau et dans l'alcool ; devenue violette, elle est parfaitement insoluble : sa stabilité dans les tissus en est la preuve. Il y a donc production d'une nouvelle matière ; mais quelle est-elle ? Les analyses chimiques indispensables n'ont pas encore été exécutées. Au contraire, on connaît bien maintenant, grâce à M. Lacaze-Duthiers, la position de la partie purpurigène : c'est une bandelette de teinte blanchâtre souvent d'un jaune très léger, placée à la face inférieure du manteau, entre l'intestin et la branchie. Dans tous les essais faits avec cinq espèces différentes, c'est toujours le violet qui s'est présenté : c'est bien là la couleur primitive, la couleur réelle de la Pourpre. « Si l'on veut avoir une excellente teinture il faut, dit Pline, pour cinquante livres de laine (à peu près 16 kilog.) mêler deux cents livres de Buccin (à peu près 65) à cent onze livres de Pourpre (à peu près 36) ; c'est ainsi que s'obtient cette superbe couleur d'améthyste[1]. » On sait que l'améthyste est violette. Mais bientôt le mot

1. *Histoire naturelle,* liv. IX, ch. xxxviii, § 62.

« pourpre » désigna une couleur rouge et c'est le sens qu'on lui attribue généralement. « Pendant ma jeunesse, dit Cornelius Nepos au rapport de Pline, la pourpre violette était en vogue et se vendait cent deniers la livre (à peu près 237 francs le kilogramme); bientôt après on préféra la pourpre rouge de Tarente et ensuite la double pourpre *dibapha* de Tyr (teinte deux fois) dont la livre coûtait plus de mille deniers (2,370 francs le kilogramme à peu près)[1]. » Pline s'efforce de distinguer de la pourpre la couleur conchylienne; « pour l'une et pour l'autre la matière est la même ; seulement pour la couleur conchylienne on n'emploie pas de buccin; en outre on verse dans le suc de pourpre de l'eau et de l'urine à parties égales, et l'on y ajoute une moitié de plus en pourpre. C'est ainsi qu'au moyen d'une saturation incomplète on obtient cette couleur tendre si vantée et d'autant plus claire, que la laine a pris moins de teinture[2] ».

Tout récemment[3], un éminent chimiste, M. Berthelot, a publié une recette pour la teinture en pourpre qui se trouve en tête d'un traité *Physica et Mystica* du pseudo-Démocrite. En voici la traduction, que nous reproduisons sans prétendre éclaircir les obscurités qu'elle présente encore : « Mettant dans une livre de pourpre... posez sur le feu jusqu'à ébullition, puis, enlevant du feu la décoction, mettez le tout dans un vase et retirant la pourpre, versez la décoction sur la pourpre et laissez tremper une nuit et un jour. Puis prenant quatre livres de lichen marin (orseille), versez de l'eau de façon qu'il y ait au-dessus du

---

1. *Histoire naturelle*, liv. IX, ch. xxxix, § 63.
2. *Histoire naturelle*, liv. IX, ch. xxxix, § 64.
3. *Comptes rendus des séances de l'Académie des Sciences*, t. XCVII, p. 1111. (Séance du 19 novembre 1883.)

lichen quatre doigts d'eau et qu'il puisse devenir épais, filtrez alors, faites chauffer et versez sur la laine. Mettez avec ce qui est le moins compact, de façon à atteindre le jus au fond et laissez deux nuits et deux jours. Prenez ensuite et faites sécher à l'ombre, versez le jus, puis prenez le jus lui-même et dans deux livres de ce jus mettez de l'eau de façon à reproduire la première quantité. Faites de même jusqu'à ce qu'il devienne épais, puis l'ayant filtré, mettez la laine comme tout d'abord et laissez une nuit et un jour. Prenez ensuite et rincez dans l'urine, puis séchez à l'ombre ; prenez de l'orcanète, mettez quatre livres d'orseille et faites bouillir avec de l'urine jusqu'à ce que l'orseille soit réduite et ayant clarifié l'eau mettez l'orcanète, faites cuire jusqu'à ce qu'elle soit épaissie et ayant filtré à nouveau l'orcanète, mettez la laine, puis lavez de nouveau avec l'urine et après cela avec de l'eau. Faites sécher de même à l'ombre, exposez aux vapeurs des algues marines trempées dans l'urine...

« Voici ce qui entre dans la préparation de la pourpre : l'algue qu'on appelle fausse pourpre, le coccus (sorte de cochenille), la couleur marine (orseille), le crismos (graminée ?), l'orcanète (anchusa), la garance d'Italie, le phyllanthion des plongeurs (sorte de fucus), le ver de pourpre, le rose d'Italie ; ces couleurs sont estimées par nos prédécesseurs. Il y en a qu'il faut éviter et qui sont de nulle valeur : la cochenille de Galatie, la couleur d'Achaïe qu'on appelle laccha, celle de Syrie qu'on appelle rhizion et le coquillage de Libye et la coquille d'Égypte de la région maritime qu'on appelle pinna, et l'isatis de la région supérieure et la couleur de Syrie que l'on appelle murex. Ces couleurs ne sont pas solides ni estimées parmi nous, excepté celle de l'isatis. »

9

La plupart des musées et plusieurs cabinets privés possèdent des couleurs antiques : la plus belle collection est celle des musées de Naples et de Pompei. M. Donner a remarqué à Naples, sur un échantillon de blanc, des impressions de coquillages [1]. Ce blanc est évidemment du paretonium, puisque Pline dit précisément qu'on y trouve des petits coquillages [2]. En terminant, nous signalerons comme moins connu un superbe échantillon de laque rose conservé au musée Teverino de Rome.

En somme, si l'on réserve la belle laque rose dont on n'a pu encore isoler le principe colorant et la couleur violette de la pourpre qui n'a pas encore été analysée, la question des couleurs antiques n'offre plus aucune obscurité. Le jour où ces deux problèmes seront résolus, la chimie pratique et la science de l'antiquité auront bien mérité l'une de l'autre. Espérons que les questions agitées en ces pages ne resteront pas chose de pure curiosité.

1. Helbig, *Wandgemælde*, p. qiv.
2. Conchæ minutæ inveniuntur in eo. (Liv. XXXV, ch. vi, § 18.)

TABLE DES GRAVURES

Pages.

1. Feuille de bétoine. 12

2. Cestrosphendone 12

3. Cestrum restitué. 13

4. Spatule 13

5. Muse de Cortone 19

6. Portrait à l'encaustique de la fille de Dioscore. 23

7, 8, 9. Portraits à l'encaustique de trois membres de la
    famille de Soter. 25, 27, 29

10, 11. Outils trouvés à Saint-Médard-des-Prés. 3o, 31

12. Outils trouvés à Jort 32

13. Spatule du musée Kircher. 33

14. Spatule du musée de Saint-Jean-de-Latran. 33

15. Spatule du musée Teverino. 33

16. Spatule du Musée égyptien de Turin 34

17. Fragments d'un coffret d'ivoire peint à l'encaustique. . . . 45

18. Masque peint sur toile à la détrempe cirée. 51

19. Nos ustensiles et instruments 81

20. Peintres égyptiens peignant à la détrempe. 91

21. Peinture en détrempe du Musée archéologique de Florence. 93

22. Portrait en détrempe d'un membre de la famille de Soter . 95

23. Baculus restitué de Vitruve 103

24. Personnification de l'Encaustique 111

25. Caricature d'un peintre en son atelier. 121

TABLE DES MATIÈRES

Pages.

Dédicace.

Préface.

L'ENCAUSTIQUE

I. Encaustique des tableaux.

    1. Critique des textes 3

    2. Critique des monuments 16

    3. Restitution du procédé. 33

II. Les dérivations de l'encaustique. 35

III. Les encaustiques secondaires.

    1. Encaustique sur ivoire 42

    2. Encaustique des vaisseaux 44

    3. Encaustique des murs 46

    4. Encaustique des statues 52

IV. Histoire de la peinture a l'encaustique. 55

V. Les restitutions antérieures 67

VI. Notre pratique personnelle de l'encaustique proprement dite.

    1. Le fourneau 79

    2. La palette chaude 80

    3. La cire; la fabrication des couleurs; les proportions. 80

    4. Les pinceaux 84

    5. Les fers 84

    6. La palette froide 85

    7. Avantages de la peinture à l'encaustique 86

LA FRESQUE ET LA DÉTREMPE. 88

APPLICATIONS

    1. Les textes 106

    2. Les monuments 109

LES COULEURS. 113

Paris. — Impr. de l'Art, J. Rouam, 41, rue de la Victoire.

Extrait du Catalogue de la Librairie de l'Art
33, AVENUE DE L'OPÉRA, PARIS.

L'ART ORNEMENTAL

PARAISSANT TOUS LES SAMEDIS

Sous la direction de M. G. DARGENTY

Le but que se propose **L'Art Ornemental** est de procurer, pour un prix insignifiant, à toutes les industries d'art des modèles qu'elles ne peuvent trouver ailleurs, et de leur constituer une collection unique qui deviendra une source inépuisable de renseignements à consulter.

Un An : 5 fr. — Six mois : 2 fr. 50

UN NUMÉRO : **10** CENTIMES.

On s'abonne sans frais dans tous les Bureaux de poste.

BIBLIOTHÈQUE INTERNATIONALE DE L'ART

SOUS LA DIRECTION DE

M. EUGÈNE MÜNTZ

PREMIÈRE SÉRIE. — VOLUMES IN-4°

I. EUGÈNE MÜNTZ, conservateur à l'École nationale des Beaux-Arts. — **Les Précurseurs de la Renaissance.** Un volume de 256 pages, orné de 80 gravures. Prix : broché, **20** fr. ; relié, **25** fr. 25 exemplaires sur papier de Hollande, **50** fr.

II. EDMOND BONNAFFÉ. — **Les Amateurs de l'ancienne France. Le Surintendant Foucquet.** Un magnifique volume illustré, sur beau papier anglais. Il reste encore quelques exemplaires reliés, au prix de **15** fr., et quelques exemplaires sur papier de Hollande, au prix de **25** fr.

III. DAVILLIER (le baron). — **Les Origines de la Porcelaine en Europe. Les Fabriques italiennes du XVe au XVIIe siècle.** Un volume illustré, sur beau papier. Il reste encore quelques exemplaires reliés à **25** fr. 25 exemplaires sur papier de Hollande, **40** fr.

ALBUMS D'ÉTRENNES

JULES GOURDAULT. — **Du Nord au Midi, zigzags d'un touriste.** Un magnifique album in-4° grand colombier, sur beau papier anglais, avec nombreuses illustrations dans le texte et huit eaux-fortes par les meilleurs artistes. Riche reliure à biseaux. Prix : **25** fr.

CHAMPEAUX (DE), inspecteur des Beaux-Arts à la préfecture de la Seine, et F. ADAM. — **Paris pittoresque,** avec 10 grandes eaux-fortes originales, par LUCIEN GAUTIER. Un magnifique Album in-4° grand colombier, sur beau papier anglais, avec nombreuses illustrations dans le texte. Prix : relié, plaque spéciale, **25** fr.

JULES GOURDAULT. — **A travers Venise.** Un magnifique Album in-4° grand colombier, sur beau papier anglais, avec nombreuses illustrations dans le texte et 13 eaux-fortes par les premiers artistes. Prix : relié, plaque spéciale, **25** fr.

ERNEST CHESNEAU. — **Artistes anglais contemporains.** Un magnifique Album in-4° grand colombier, sur beau papier anglais, avec nombreuses illustrations dans le texte et 13 eaux-fortes par les premiers artistes. D'après les œuvres de L. Alma-Tadema, Edw. Burne-Jones, G. H. Boughton, F. Holl, Mark Fisher, R. W. Macbeth, W. Q. Orchardson, G. F. Watts, F. Leighton, etc. Prix : relié, plaque spéciale, **25** fr.

BIBLIOTHÈQUE D'ART MODERNE

JEAN ROUSSEAU. — **Camille Corot.** Suivi d'un appendice par ALFRED ROBAUT. Avec le portrait de Corot et 34 gravures sur bois et dessins reproduisant les œuvres du maître. In-4° écu. Prix : broché, **2** fr. **50.**

BIBLIOTHÈQUE DES MUSÉES

ÉMILE MICHEL. — **Le Musée de Cologne.** Suivi d'un catalogue alphabétique des tableaux de peintres anciens, exposés au Musée de Cologne. Illustré de nombreuses gravures dans le texte. In-4° écu. Prix : broché, **3** fr.